펭귄이 말해도 당신보다 나겠다

KB051951

오해를 만들지 않고 **내편으로 만드는 대화법**

펭귄이 말해도 당신보다 낫겠다

추스잉 지음 | 허유영 옮김

21세기북스

말할 때는 아름다움보다 매력이 중요하다.

추스잉

나를 분명하게 표현하는
말하기 수업 10강

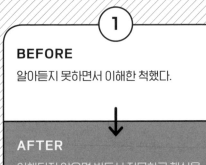

①

BEFORE

알아듣지 못하면서 이해한 척했다.

AFTER

이해되지 않으면 반드시 질문하고 핵심을
찌르는 질문을 한다.

②

BEFORE

어떤 일이든 '무엇(what)'에 대해서만
물었다.

AFTER

'왜(why)'인지 고민하고 '어떻게(how to)' 해
야 하는지 안다.

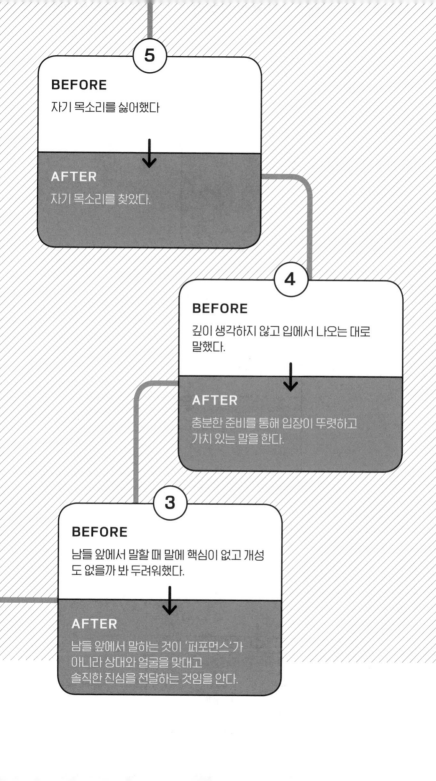

5

BEFORE
자기 목소리를 싫어했다

↓

AFTER
자기 목소리를 찾았다.

4

BEFORE
깊이 생각하지 않고 입에서 나오는 대로 말했다.

↓

AFTER
충분한 준비를 통해 입장이 뚜렷하고 가치 있는 말을 한다.

3

BEFORE
남들 앞에서 말할 때 말에 핵심이 없고 개성 도 없을까 봐 두려워했다.

↓

AFTER
남들 앞에서 말하는 것이 '퍼포먼스'가 아니라 상대와 얼굴을 맞대고 솔직한 진심을 전달하는 것임을 안다.

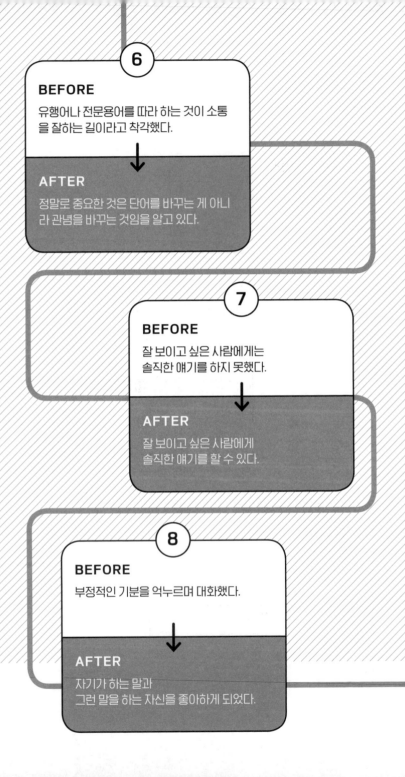

6

BEFORE

유행어나 전문용어를 따라 하는 것이 소통을 잘하는 길이라고 착각했다.

AFTER

정말로 중요한 것은 단어를 바꾸는 게 아니라 관념을 바꾸는 것임을 알고 있다.

7

BEFORE

잘 보이고 싶은 사람에게는 솔직한 얘기를 하지 못했다.

AFTER

잘 보이고 싶은 사람에게 솔직한 얘기를 할 수 있다.

8

BEFORE

부정적인 기분을 억누르며 대화했다.

AFTER

자기가 하는 말과 그런 말을 하는 자신을 좋아하게 되었다.

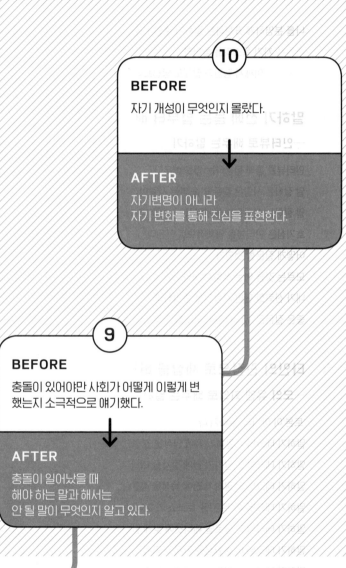

10

BEFORE
자기 개성이 무엇인지 몰랐다.

↓

AFTER
자기변명이 아니라
자기 변화를 통해 진심을 표현한다.

9

BEFORE
충돌이 있어야만 사회가 어떻게 이렇게 변
했는지 소극적으로 얘기했다.

↓

AFTER
충돌이 일어났을 때
해야 하는 말과 해서는
안 될 말이 무엇인지 알고 있다.

차례

1장 말하기 전에 듣는 법부터 배운다
—인터뷰로 배우는 말하기

2장 타인의 관점으로 세상을 바라본다
—모의 유엔 회의로 배우는 말하기

7장 이성적으로 생각하는 법을 배운다
—철학적 대화로 배우는 말하기

10장 말하기를 통해 세상을 이해한다
—다문화 직장에서 배우는 말하기

자기 목소리를 찾아라

린리칭(林立靑, 《일하는 사람》, 《이런 인생》 저자)

추스잉을 처음 만났을 때 그가 내뿜는 강렬한 분위기에 압도되었다. 개성 넘치는 헤어스타일과 균형 잡힌 몸매는 그의 엄격한 자기 관리 면모를 보여주지만, 대화할 때의 그는 어떤 문제든 자유롭게 질문하고 거침없이 대답했다. 그는 무슨 얘기를 하든 어떤 농담을 하든 강렬한 존재감을 발산하는 타고난 이야기꾼이다. 대만에서는 흔치 않은 사람이다.

현대인의 생활은 쉴 틈 없이 빠르게 돌아간다. 최신 소식이 24시간 거의 실시간으로 전파를 타고 TV와 인터넷을 통해 퍼져 나가고 누구나 SNS, 유튜브 등을 통해 자기 의견을 널리 알릴 수 있다. 헤아릴 수 없이 많은 정보가 생겨났다가 어렴풋한 인상만 남긴 채 순식간에 지나가버린다. 《펭귄이 말해도 당신보다 낫겠다》라는 이 책의 제목은 추스잉의 실제 경험에서 나온 것이다. 그가 영국 BBC 방송국에서 일할 때 함께 일하던 애튼버러 경(Sir David Attenborough)이 펭귄에 대한 이야기를 들려주었다. 펭귄들은 자기 개성이 뚜렷해서 똑똑한 펭귄, 아둔한 펭귄, 약삭빠른 펭귄, 너그러운 펭귄, 이기적인 펭귄 등 아주 다양한 성격이 존재한다는 것이었다. 추스잉은 그 이야기를 듣고 자기 개성이 무엇인지 몰라 자기소개 하기를 힘들어하는 사람들이 있다는 사실을 떠올렸고 그런 사람들을 위해 이 책을 썼다.

그는 말할 때 필요한 핵심 키워드 열 가지를 제시하고 말 속에 뚜렷한 개성을 담아 표현하는 법을 알려준다. 특히 자신의 실제 경험이나 생각을 솔직하게 들려주며 이 책을 읽는 모든 독자들이 질문하고 깊이 고민하고, 발표하고 토론하며, 궁극적으로는 자기 목소리와 생각을 받아들임으로써 진정한 자신을 찾을 수 있도록 길잡이가 되어주고 있다.

내 이야기가 이 책에 실리게 된 것을 큰 영광으로 생각한다. 강연할 때 PPT를 사용해야 하는지, 관객들의 눈을 어떻게 바라봐야 하는지 등 추스잉 선생에게 많은 것을 배웠다. 물론 그중에서도 가장 중요한 것은 강연할 때 관객들과 진솔하게 소통하고 적극적인 토론 태도를 유지하며 자기 목소리로 자기 생각을 전달해야 한다는 점이다.

대화에서 가장 중요한 것은 무엇을 어떻게 말할 것인지다. 진정으로 의미 있는 대화를 하고 싶다면 솔직하게 마음을 터놓고 상대와 공감대를 형성해야 한다. 소통을 통해 의문이 해결되고 머릿속이 환해지며 새로운 것을 발견하게 된다면 대화가 생명력을 얻게 된다. 공허한 내용에 화려한 언사와 미사여구로만 포장한 대화로는 결코 이런 효과를 거둘 수 없다.

이 책은 뚜렷한 입장과 생각을 가지고 말하고 명확한 관점을 가지고 토론함으로써 모든 대화에서 깊은 인상을 남기는 법을 알려주고 있다.

개성이 뚜렷한 화술을 구사하고 싶은 사람들에게 강력히 추천한다.

어째서 펭귄이 말해도 당신보다 나을까

최근 2~3년간 영국 BBC 어스(Earth) 팀과 함께 일할 기회가 있었다. 이 팀의 책임자는 세계 자연 다큐멘터리의 아버지라고 불리는 애튼버러 경이었다. 제작자, 카메라맨, 진행자 등 그 팀의 모든 구성원이 흥미진진한 이야기를 가지고 있었다.

아흔이 넘은 나이의 애튼버러 경이 말했다.

"사람들은 같은 종의 동물은 모두 같을 거라고 생각하지만 펭귄처럼 다 똑같아 보이는 동물들도 각자 성격이 있어요. 똑똑한 펭귄, 아둔한 펭귄, 약삭빠른 펭귄, 너그러운 펭귄, 이기적인 펭귄. 60년간 동물을 촬영하면서 성격이 똑같은 펭귄은 한 번도 보지 못했어요. 아주 다양해요."

이 말을 듣는 순간 익숙한 장면이 떠올랐다. 내 코칭 수업에서 첫날 참가자들에게 자신의 개성을 한마디로 표현해 자기소개를 하게 하는데, 그럴 때마다 몇몇 사람들이 난처한 표정으로 이렇게 말한다.

"무슨 말을 해야 할지 모르겠어요."

"저는 그냥 평범해요. 할 얘기가 별로 없네요."

"저의 유일한 특징은 특징이 하나도 없다는 것이에요."

그러면 나는 일부러 깜짝 놀란 척 말한다.

"와우! 그 정도로 특징이 없다고요? 어머니께서 차라리 만두를 낳는 게 더 나으셨단 말이에요?"

그러면 모두 웃음을 터뜨린다.

사람이 펭귄보다도 개성이 없다니! 애튼버러 경이 들으면 너무 우스꽝스럽다고 생각하지 않을까?

BBC 어스 팀 구성원들은 저마다 뚜렷한 개성을 지니고 있었다. 새소리를 똑같이 흉내 내는 재주를 가진 사람, 남극 기상대에서 오랫동안 사진을 찍은 사람, 동물 사진을 보며 생동감 넘치는 관현악을 작곡하는 사람, 거미 다리만 보고도 거미의 이름을 정확히 맞힐 수 있는 사람 등. 나는 그들에게서 한 가지 공통점을 발견했다. 무언가를 열정적으로 좋아하고, 남을 인정하고 칭찬할 줄 알며, 자신이 좋아하는 것을 어떻게 이야기로 만드는지 잘 알고 있다는 점이다.

나는 그들이 어떤 부모에게서 태어났는지, 형제는 몇이며 그중 몇째인지, 집은 어디이고 어떤 학교를 나왔는지 전혀 알 필요가 없었다. 우리가 보통 자기소개를 할 때 서두부터 열거하는 그런 배경들은 사실 하나도 재미가 없다. 진정으로 개성 있는 사람이란 무언가 한 가지를 열정적으로 좋아하고 그것을 표현하는 방법을 알고 있는 사람이다. 애튼버러 경은 관찰자의 관점에서 지구 이야기를 하는 능력도 훌륭하지만 동물의 관점에서 지구를 바라보는 능력은 더 출중하다. 그 능력 덕분에 생동감 넘치고 흥미로운 자연 다큐멘터리를 만들 수 있었던 것이다.

이 세상에는 열정적이고 스토리를 가지고 있는 사람이 필요하다. 사람이 그저 걸어 다니고 말할 줄 아는 만두일 뿐이라면 펭귄보다도 개성 없는 사람이 되는 것이다.

남의 눈에 어떻게 보이는지가 개성이다

BBC 어스 팀과 함께 일하면서 "나의 특징은 무엇일까?"라는 질문을 다시금 해보게 되었다. 물론 나 스스로는 수많은 대답을 생각해낼 수 있다. 눈은 외까풀이고 책을 여러 권 썼으며 많은 나라를 여행했다. 시차 적응을 잘하고 맛있는 음식을 좋아한다. 또 종이접기를 잘하고 가장 자신 있게 접을 수 있는 것은 캥거루다. 내가 접은 종이 캥거루는 마치 살아 있는 것처럼 생동감이 넘친다.

그런데 이것들이 정말로 내 특징일까?

기원전 3세기 고대 그리스에 이런 말이 있었다.

"아름다움은 보는 사람의 눈에 있다(Beauty is in the eyes of the beholder)."

아름다움이란 주관적인 것이기 때문에 똑같은 것을 보고도 어떤 사람은 아름답다고 생각하지만 다른 사람은 전혀 아름답지 않다고 생각할 수 있다. 또 아름다움에 일치된 기준이 있는 것도 아니다. 어떤 사람은 외적인 아름다움이 중요하다고 생각하지만, 어떤 사람은 내적인 매력을 더 중요하게 여길 수도 있고, 또 어떤 사람은 인자함, 열정, 지식 같은 것들을 중요한 가치로 여길 수도 있다.

개성도 아름다움처럼 자기 자신이 생각하는 자신의 특징이 아니라, 남이 볼 때 내가 어떤 사람인지로 정해진다.

자기 개성을 알 수 있는 가장 간단한 방법은 주변 사람들에게 이렇게 묻는 것이다.

"나를 생각할 때 제일 먼저 생각나는 게 뭐예요?"

어떤 사람은 내가 말할 때 목소리가 아주 낮다고 한다.

어떤 사람은 내 헤어스타일이 독특하다고 한다.

어떤 사람은 내가 NGO에서 일하고 있다고 한다.

어떤 사람은 내 언어 능력이 뛰어나다고 한다.

어떤 사람은 내가 망고를 아주 좋아한다고 한다.

사람들이 이런 것들을 내 특징이라고 생각하는 이유는 그들이 주위에서 흔히 만나는 사람들과 달라서다.

내가 학창 시절 합창단에서 베이스를 맡았을 만큼 목소리가 낮기는 하지만 나보다 목소리가 낮은 사람은 아주 많다. 객관적으로 볼 때 내 목소리가 남의 시선을 끌 만큼 낮다고 생각해본 적은 없다. 그래도 예전에 라디오 프로그램을 진행할 때 방송국에서 내게 늦은 밤 시간대 프로그램을 맡긴 것을 보면 내 목소리가 낮기는 한 것 같다.

내 헤어스타일이 독특하다고 말하는 사람들은 내가 이런 헤어스타일을 유지하는 것이 그저 편하고 저렴하기 때문이라는 사실을 모른다. 나는 늘 태국에 일하러 갈 때 시장에 있는 이발소에서 태국의 전형적인 학생 스타일로 머리를 깎는다. 대만보다 가격이 싸기 때문이다. 태국에서는 아주 흔한 남학생 헤어스타일이지만 대만에 오면 이것이 특징이 된다. 실제로 '추스잉 스타일'로 머리를 잘랐다는 젊은 친구들이 내 페이스북에 댓글을 달곤 한다.

주위에서 말해주지 않았다면 나는 NGO에서 일하는 것이 특별하다고 생각하지 않았을 것이다. 내 동료와 친구들은 대부분 나처럼 NGO에서 일하고 있기 때문이다.

내 언어 능력에 대해 말하자면 NGO에서 함께 일하는 선배들에 비해 나는 평범한 편이다. 한국어, 광둥어, 아랍어, 미얀마어 등 어떤 언어든 문법이 나의 가장 큰 약점이다. 학원에서도 문법은 늘 꼴찌를 면치 못해 선생님을 좌절시키곤 한다. 내 언어 능력이 뛰어나다는 평가는 과장된 것이다. 그저 다양한 외국어를 배우는 데 두려움이 없고 호기심이 강할 뿐이다.

망고를 좋아하는 것도 특징이 될 수 있을까? 20년 가까이 NGO에서 일하면서 망고를 좋아하는 것이 일에 도움이 된 적은 딱 한 번 있었다. 윈록(Winrock)이라는 미국 NGO에서 일할 때였는데, 미얀마산 망고의 수출 판로를 확대하기 위해 NGO의 자원봉사 전문가들이 미얀마에서 생산되는 망고 20종과 망고 농장 300곳을 조사했다. 하지만 그 일은 망고의 등급 검사와 품질 관리에 풍부한 경험을 가진 전문 인력이 할 수 있는 일이지 단순히 망고를 좋아한다고 해서 할 수 있는 일은 아니었다.

나는 특징이라고 생각하지 않는 것들이 남의 눈에는 내 개성으로 보이는 것이다. 사람마다 아름답다고 느끼는 것이 다르다면 개성이 있느냐 없느냐도 자기 자신이 결정할 수 있는 것이 아니다. 그것 역시 남이 어떻게 보느냐에 달려 있다. 그러므로 남들이 말하는 자기 특징에 대해 "그렇지 않아!"라고 부정하기보다는 사람들이 왜 그렇게 생각하는지, 자기 특징을 어떻게 보여주어야 할지 고민하는 편이 낫다.

누가 봐도 키가 작은 사람이 10센티미터짜리 하이힐을 신고 큰 키가 자기 특징이라고 주장한다면 이상한 일이 아닌가? 일본 개그우먼 와타나베 나오미처럼 남의 시선을 받아들이고 자기 모습 그대로를 자랑스럽게 여길 수는 없을까?

와타나베 나오미는 마른 체형을 선호하고 여성의 과체중률이 3퍼센트밖에 되지 않는 일본의 사회 분위기 속에서 뚱뚱한 몸매 때문에 수많은 따돌림과 차별을 경험했다. 그녀는 인터뷰에서 자기도 한때는 뚱뚱한 몸을 부끄러워했다고 말했다. 주위에 빅 사이즈 옷을 입는 사람은 그녀뿐이었고 "와! 진짜 뚱뚱하다!"고 말하는 듯한 주위의 냉소와 시선에 몹시 신경이 쓰였다. 그러나 타인의 생각을 바꿀 수는 없지만 자기 마음을 바꿀 수는 있다는 것을 깨닫고, 부정적인 생각에 휘둘리지 않기로 마음을 고쳐먹었다고 한다. 마음을 바꾸고 나자 그녀는 정말로 변하기 시작했다.

그때부터 그녀는 자기 체중을 감추지 않았고 오히려 풍만한 체형을 유머러스하게 자조하는 것을 자기 개성으로 삼았다.

체중 100킬로그램이 표시된 체중계 사진을 인스타그램에 올리며 "피자를 너무 많이 먹었나? 밀라노에 오기 전까지만 해도 45킬로그램이었는데?"라고 썼다. 이 사진이 각종 커뮤니티 사이트로 퍼지면서 부끄럽게 생각했던 단점이 유쾌하고 긍정적인 에너지가 되었다. 스스로 뚱뚱하다고 생각하는 사람들이 말라 보이려고 검은색 옷만 입으려고 할 때 그녀는 화려한 무늬와 과감한 색의 옷을 입기 시작했고, 마침내 일본 빅 사이즈 여성들을 위한 패션 잡지의 전속 모델이자 패션 브랜드 푸뉴즈(PUNYUS)의 광고 모델이 되었다.

"그건 와타나베 나오미가 외향적인 성격이기 때문에 가능한 일이지!"

이렇게 생각한다면 오산이다. 그녀는 어릴 적부터 몹시 내성적이었고 지금도 마찬가지다. 열등감과 남의 시선에 대한 두려움 때문에 우리 개성이 밖으로 드러나지 못하고 있는 건 아닐까? 자기 자신을 받아들일 수 없는 사람은 자신의 진정한 개성을 찾아내 마음껏 발휘할 수 없다.

자기 자신을 받아들이고 개성을 찾는 일은 자신에 대한 타인의 의견에 귀를 기울이는 것에서부터 시작된다.

자신을 있는 그대로 표현하는 '제로 갭' 소통법

"그건 오해야. 사실 내 말은……."

어느 나라에서든 흔히 듣는 말이다. 어떤 건 정말 오해이기도 하지만 대부분은 가짜 오해다. 하지만 진짜든 가짜든 가장 큰 원인은 있는 그대로 표현하지 못한 데 있다. 너무 가볍게 말했거나 너무 무겁게 말했을 수도 있고, 너무 치우치게 말했을 수도 있고, 심지어 반대로 말했을 수도 있다.

잘못된 표현을 적절히 처리하지 못하면 친구 관계나 연인 관계에서, 집에서나 직장에서, 더 나아가 재난 처리나 국가 간의 이념 분쟁에서 위기가 닥칠 수 있다. '있는 그대로' 소통하고 표현하는 법을 배워야 한다. 화려한 언변을 구사할 수 없더라도 '머리, 마음, 입'이 일치된다면 최소한 자기 자신을 좋아하게 될 것이다.

그래서 나는 '화술'을 배우는 것보다 '말하기'의 본질을 배우는 것이 낫다고 생각한다. 사고력을 기를 때 성급하게 '어떻게 (how)'를 묻는 것이 아니라 '왜(why)' 그런지 생각해야 하는 것처럼 말이다.

죽은 말을 살아 있는 말로 만들고, 틀린 말을 맞는 말로 만들고, 패배한 말을 승리한 말로 만들어 협상의 고수가 되길 바란다면, 그런 방법을 알려주는 책은 자기계발서 코너의 가장 눈에 띄는 곳에 있으므로 쉽게 찾을 수 있을 것이다.

굳이 그렇게 전략적으로 말해야 할까? 나는 몹시 내성적인 사람이다. 서로 속고 속이는 비즈니스의 전쟁터에서 승리하는 필살기를 알려주는 자기계발서는 아주 강력한 항생제 같아서, 어쩌다 병세가 심각할 때 한 번쯤 사용할 수는 있지만 일상적으로 사용하는 것은 내 체질에 맞지 않는다.

모든 사람이 영업왕이나 정치인, 명연설가, 거짓말쟁이가 되어야 하는 것은 아니다. 나는 그저 말할 때 기본적인 존중을 받으며 자유롭게 내 생각을 표현할 수 있다면 그걸로 족하다. 나 같은 사람에게 알맞은 화술은 없을까?

그런 화술을 알려주는 책을 찾을 수가 없어서 내가 직접 찾기로 했다.

어릴 적 선생님에게 호명받아 반 아이들 앞에서 교과서를 읽을 때마다 "목소리가 모기 소리만큼 작다"고 지적받았던 나는 '나 자신으로 살면서 나 자신을 표현할 수 있는' 방법을 스스로 찾기 시작했다. 어떻게 하면 수줍음 많은 나도 긴장하지 않고 유창하게 내 의견을 말할 수 있을지 수없이 고민하고 공부했다.

그러다 보니 올챙이가 자기도 모르는 사이에 꼬리가 떨어지고 뒷다리가 자라고 앞다리가 나오는 것처럼 나도 어느새 원고나 PPT 없이도 혼자 연단에서 두 시간 동안 쉬지 않고 강연할 수 있는 경지에 이르렀다. 심지어 국제 NGO에서 일하며 무장 세력과 평화 협상도 하고 지역 발전 프로젝트를 위해 소농민들에게 스토리텔링을 가르치는 것이 내 업무가 되었다. 처음 만난 사람에게 자기소개 하는 것을 죽을 만큼 두려워했던 내가 말이다!

하지만 무엇보다도 중요한 것은 연단 위에 있는 내 모습이 연단 아래에서와 조금도 다르지 않다는 사실이다. 내가 들은 최고의 칭찬은 "말솜씨가 훌륭하군요!"가 아니다. 그것은 사실이 아니기 때문이다. 내가 제일 좋아하는 칭찬은 나라는 사람이 내가 쓴 글이나 내가 한 얘기와 똑같다는 말이다. 자기가 쓴 글이 바로 자신이고, 자기가 한 말이 곧 자신이어야 한다. 나는 바로 나이기 때문이다.

남들 앞에서 제대로 말도 못하고 쭈뼛거리던 내가 라디오와 TV 프로그램의 진행자가 되었다. 처음에는 내가 하는 말을 듣고 내가 말하는 걸 볼 때마다 죽고 싶을 만큼 힘들었지만 나중에는 자연스러워졌다. 알고 보니 많은 유명 인사들이 수줍음 많은 사람들과 정반대의 문제를 안고 있었다. 그들은 자기 앞에 마이크가 많아지고 청중이 많아질수록 마치 전지전능한 신이 된 것처럼 거창하고 공허한 얘기를 하기 시작했다. 하지만 문제의 근본 원인은 같다. 표현이 실제와 다르기 때문이다. 남들 앞에서든 혼자 있을 때든 자기 자신을 솔직하게 표현하는 법을 배워야 한다.

공개적인 자리에서든 사적인 자리에서든, 생각할 때든 표현할 때든, 말할 때든 글을 쓸 때든, 가족 앞에서든 낯선 사람 앞에서든, 나는 나여야 한다. 당연하게 들리는 말이지만 이렇게 할 수 있는 사람이 그리 많지 않다.

못 믿겠다면 생각해보라. 하고 싶은 말이 많은데도 입도 뻥긋하지 못하거나 분명하게 말하지 못해서 후회한 적이 있지 않은가? 여러 사람과 있을 때는 분위기 메이커지만 혼자 있을 때는 내 마음을 알아주는 사람이 없다며 눈물 흘리지 않는가? 사람들 앞에서는 한없이 온화하지만 컴퓨터 모니터 뒤에 숨어 있을 때는 '악플러'로 변신하지 않는가?

어디서든 자기 자신으로 살면서 자유롭게 자신을 표현하는 것이 얼마나 편하고 유쾌한 일인지 경험해보지 않은 사람은 모를 것이다!

말하는 법을 배우기는 했지만 지독하게 내성적인 내 성격은 변함이 없다. 아직도 길에서 인터뷰하고 있는 것을 보면 고개를 푹 숙인 채 재빨리 도망치고, 이제는 돈 때문에 TV나 라디오 방송을 진행하지 않으며, 언론과의 인터뷰도 1년에 손에 꼽을 정도로 드물게 한다. '말을 잘하는 것'과 '말이 많은 것'은 별개라는 사실을 깨달았다.

말을 많이 할 필요는 없지만 말을 못해서는 안 된다. 정말로 '말을 잘하는 것'은 쉬지 않고 말하는 것이 아니라 '있는 그대로' 소통하는 것이다.

그러므로 '화술'을 배우기보다 '말하는 법'을 배워야 한다. 자기 자신을 있는 그대로 표현하는 '제로 갭(zero gap)' 소통법 열 가지를 배운다면, 꼭 화려한 언변을 구사할 수는 없겠지만 자기 입에서 나온 말을 좋아하고, 그런 말을 한 자신을 좋아하게 될 것이다.

진정한 핵심이 바로 여기에 있다.

1장

말하기 전에
듣는 법부터 배운다
ㅡ 인터뷰로 배우는 말하기

KEYWORD

인터뷰를 통해 질문하는 법을 배우다

나는 고등학생 때부터 아르바이트를 했다. 경제적인 독립을 위해 경험을 쌓는 과정이기도 했고 어른들의 세계를 배우는 기회이기도 했다. 그때 했던 아르바이트 중 하나가 글쓰기였다.

처음에는 소설을 써서 잡지나 신문에 투고했다. 소설은 보잘것없지만 내 글재주는 조금 쓸 만했는지 잡지사나 출판사에서 여행지를 소개하는 글이나 인터뷰 기사를 써달라고 내게 의뢰했다. 지금 생각해보면 번번이 퇴짜를 맞으면서도 형편없는 소설을 줄기차게 투고하는 나를 딱하게 여긴 편집자가 차라리 글을 빨리 쓰는 내 재주를 쓸모 있는 곳에 쓰게 하는 편이 낫겠다고 생각했던 것 같다.

여행지 소개는 인내심이 필요한 일이었다. 주소, 전화번호, 영업시간, 교통수단, 가격 등 자질구레한 정보가 수시로 바뀌기 때문에 왕성한 혈기를 주체하지 못하고 좌충우돌 누비고 다니는 청년에게는 더없이 좋은 '수행' 기회였다.

그 시절에는 '인터뷰어'와 '에디터'의 역할이 분리되어 있었다. 취재기자는 인터뷰만 하고, 취재해 온 내용을 가지고 편집기자가 기사를 작성했다. 하지만 혼자서 인터뷰와 글쓰기를 다 할 수 있다면 잡지사 입장에서는 저렴한 비용으로 빠르게 기사를 완성할 수 있었다. 그렇게 해서 취재기자가 무슨 일을 하는지도 모르던 내가 시행착오를 겪으며 취재하는 법을 배워야 했다.

인터뷰를 몇 번 해보고 나니 취재기자와 편집기자가 나누어진 이유를 알 것 같았다. 글은 누구든 쓸 수 있지만 인터뷰는 말도 잘하고 질문도 잘하는 사람이 해야 흥미로운 대답을 이끌어낼 수 있기 때문이었다.

상대가 유명 인사인 경우에는 수많은 사람들과 인터뷰를 하기 때문에 일반적인 질문에는 매번 비슷한 대답을 했다. 그러므로 다른 인터뷰에서 듣기 힘든 말을 얼마나 이끌어내느냐는 취재기자의 능력에 달려 있었다.

인터뷰 대상이 유명 인사가 아닌 경우 난이도가 훨씬 높아졌다. 인터뷰 경험이 없는 사람들은 자신이 중요하다고 생각하는 내용(내 손자가 똘똘해서 지난 학기에 반에서 2등을 한 것)과 취재기자가 알고 싶어 하는 내용(어째서 여든여섯의 노인이 새벽 2시에 길에서 팝콘을 팔고 있는지)이 전혀 달랐기 때문이다. 그러므로 취재기자가 질문을 통해 상대에게서 원하는 대답을 유도해내는 것이 아주 중요했다.

말 잘하는 사람은 질문할 줄 아는 사람이다

'어떻게 해야 흥미로운 질문을 할 수 있을까?'

나는 인터뷰를 하러 갈 때마다 처음 만난 상대에게서 정해진 시간(대개 한 시간이었다) 내에 재미도 있고 온전한 맥락을 가진 이야기를 끌어내기 위해 머리를 짜내야 했다.

그 후 미국에서 기업 경영 컨설턴트로 일할 때 나는 이 인터뷰 능력이 상황을 빠르고 정확하게 파악하는 데 커다란 도움이 된다는 사실을 알았다. 예를 들어 고객이 자신의 거창한 사업 계획을 설명하느라 여념이 없을 때 나는 그가 완전히 방심한 틈을 타서 핵심을 찌르는 질문을 던졌다.

"그 계획의 문제점이 무엇인지 아시나요?"

그러면 대부분 논의의 방향이 갑자기 바뀌고 상대는 호객하는 방식으로 자기 회사의 문제를 감출 수 없다는 사실을 깨달았다. 프랑스에서 철학상담을 할 때는 '질문의 중요성'을 더욱 절감했다. 철학상담의 성패는 상담사의 질문이 얼마나 핵심을 찌르는가에 달려 있다. 취재기자, 기업 경영 컨설턴트, 철학상담사 이 세 가지가 전혀 무관한 분야인 것 같지만 정확하게 핵심을 찔러 질문하는 능력이 중요하다는 사실은 똑같았다.

사실 분야와 업종을 막론하고 '말'로 하는 일이라면 모두 예외 없이 핵심적인 질문을 하는 능력이 상당히 중요할 것이다.

말 잘하는 사람은 들을 줄 아는 사람이다

하지만 날카로운 질문을 하기 전에 먼저 상대에게 신뢰를 얻어야 한다. 그러지 않으면 무례하게 보일 수 있다. 어떻게 하면 처음 만난 사람에게서 단 몇 분 만에 신뢰를 얻을 수 있을까?

제일 좋은 방법은 비록 초면이지만 저 밑바닥의 영혼까지 끌어올려 상대의 인생 이야기를 경청할 준비가 되어 있음을 상대에게 알려주는 것이다. 평범한 사람들도 믿을 수 있는 사람이 자기 얘기를 귀 기울여 들어주기를 원하지만, 늘 소비되기만 하는 유명인들은 그것을 더더욱 원한다. 진정으로 말을 잘하는 사람은 상대의 말을 잘 들어주는 사람이다.

처음 만난 사람과 아주 짧은 시간 내에 깊이 있는 대화를 나누려면 그저 말을 잘하는 것으로는 부족하다. 첫 번째 단계가 경청이고, 두 번째 단계가 신뢰를 쌓는 것이며, 질문할 자격이 생기는 건 세 번째 단계에 가야 한다. 하지만 경청할 수 있으려면 진심으로 사람과 대면하기를 좋아하고 낯선 사람에 대한 호기심이 충만한 사람이 되어야 한다. 여행을 좋아하는 사람은 보통 그런 특징을 가지고 있다.

많은 사람이 언변이 좋아야 말을 잘하는 사람이라고 생각하지만 이건 커다란 오해다. 나는 어떻게 인터뷰를 하는 그 짧은 시간 안에 상대에게서 솔직한 대답을 끌어낼 수 있었을까? 많은 사람들과 인터뷰를 하면서 낯선 사람과 대화하는 방법을 천천히 터득할 수 있었다.

호기심은 인터뷰를 입체적으로 만든다

상대에 대한 호기심은 그를 만나기 전부터 시작된다. 나는 매번 인터뷰를 하기 전 상대에 관해 최대한 많은 것을 알아보았다.

오래전 홍콩 중산(中山) 대학 문학원장이었던 위광중(余光中) 선생님을 인터뷰할 때의 일이다. 어릴 적 교과서에서 접했던 그 시인에 대해 내가 아는 건 교과서에 짤막하게 적혀 있던 저자 소개가 전부였다. 인터뷰를 하러 가기 전 그에 대한 자료를 찾아보며 사전 지식을 쌓았다.

위광중 선생님은 어릴 적부터 엄청난 책벌레였으며 문학청년이었다. 남들은 얌전히 군에 입대할 때 그는 첫 시집인 《조각배의 슬픈 노래》를 발표했다. 격동의 시기였던 1949년 그는 대학을 네 곳이나 옮겨 다녔다. 처음에는 베이징(北京) 대학에 입학했지만 북부가 혼란에 휩싸이자 가족의 인맥을 이용해 난징(南京)에 있는 진링(金陵) 대학으로 옮겼고, 다시 샤먼(廈門) 대학을 거쳐 대만으로 옮겨 왔다. 아버지는 그에게 대만 대학에 다니라고 했지만 그는 교수진의 자질이 부족하다며 거부했다. 하지만 결국 아버지 말씀을 거스르지 못하고 마지못해 지원했다가 시험에 합격했다. 군대를 제대한 뒤에는 곧바로 미국으로 유학을 떠났다. 그의 아버지는 요즘 기준으로 보아도 교육열이 엄청난 부모였다.

위광중은 유명한 시인이자 에세이 작가일 뿐 아니라 여러 가지 이상을 품고 있었다. 강한 성격의 부모님 밑에서 자란 그도 역시 자기주장이 강한 사람이었다. 미국에서 공부한 유학생이고 대학교수이며, 한 남자이자 부모님께 순종하는 아들이고, 또 사촌 누이와 결혼한 남편이자 향토 논쟁을 일으킨 지식인이었다. 가오슝(高雄) 시쯔완(西子灣)에 있는 그의 연구실에 들어서자 야위고 깨끗한 인상의 노인이 나를 맞이했다. 그의 앞에는 원고지와 만년필이 놓여 있었으며 에어컨도 켜지 않고 컴퓨터도 사용하지 않고 있었다.

그는 우리처럼 평범한 사람이지만 또 우리와 달리 평범하지 않은 사람이었다. 평범하지 않은 위광중에게 남에게 즐겁게 들려주고 싶은 얘기가 있을까? 그의 일생에서 하고 싶었지만 하지 못해 아쉬운 일이 있을까? 그에게 생각만 해도 가슴 아픈 기억이 있을까? 그는 세상이 자신을 어떻게 바라봐주길 바랄까? 그는 이 세상을 오해하고 있거나, 세상이 자신을 오해하고 있다고 생각할까?

한편으로 평범한 사람 위광중은 말년에 대만 남부의 가오슝(내가 어린 시절을 보낸 고향이다)으로 이주해 생활하고 있었다. 그는 그곳에서의 생활이 즐거울까?

그가 내게 받고 싶은 질문은 무엇이고, 또 받기 싫은 질문은 무엇일까?

글쓰기를 좋아하고 평생 글을 쓰며 살고 싶은 나는 까마득한 선배님에게 궁금한 것이 아주 많았다. 하지만 그런 개인적인 호기심보다는 문인이자 내가 전혀 모르는 시대를 살아온 그가 이 세상을 대하는 방식이 더 궁금했다.

"선생님의 모든 것이 궁금합니다!"

그는 미지의 환경에 휩쓸려 가족의 강요에 따라 학교와 전공을 선택해야 했고 자기와 의견이 다른 사람들과 논쟁해야 했다. 모든 일이 폭풍처럼 지나간 뒤 말년을 보내고 있는 위광중은 그 일들을 어떻게 회고할까? 나는 그 모든 것이 궁금했다. 그의 대답이 내가 미래에 어떤 결정을 내릴 때 도움이 될 수 있을 것 같았다.

"제일 궁금한 것을 질문하러 왔습니다!"

끝없는 호기심을 품고 그에게 인사를 하며 나는 그것이 좋은 시작임을 알고 있었다. 까마득하게 높은 유명 인사와 나 사이에서 공통점을 발견했기 때문이었다.

자신이 모든 걸 알고 있다고 생각하고 상대가 무슨 생각을 하는지에 관심이 없다면 그건 보나마나 실패한 인터뷰다.

내가 노인이 된 문학청년인 위광중을 만난 건 그때가 처음이자 마지막이었다. 지금은 그날 그가 무슨 이야기를 했는지도 잘 기억나지 않지만, 그 무더웠던 오후 위광중이라는 자상한 할아버지가 호기심에 찬 눈동자로 자기 앞에 앉아 있는 젊은이의 모든 질문에 진지하게 대답해주고 원고지에 만년필로 직접 짧은 시를 적어 선물했던 일은 영영 잊지 못할 것이다. 그 따뜻한 느낌이 지금까지도 내 가슴에 남아 있다.

어떻게 질문할 것인가

지금은 고인이 되신, 대만 법고산(法鼓山)의 창시자 성엄법사(聖嚴法師)를 인터뷰한 적이 있다. 솔직히 말하면 인터뷰를 하러 가기 며칠 전부터 초조하고 긴장됐다. 내가 불교에 대해 완전히 문외한이기 때문이었다. 성엄법사 개인에 대한 호기심은 있었다. 어릴 적 출가했다가 환속한 그는 군 복무를 마친 뒤 다시 불교에 귀의해 가사를 입고 일본으로 떠났다가 박사 학위를 받고 돌아왔다. 흥미로운 인생임은 분명하지만 그렇다고 내가 종교에 대해 특별한 호기심이 생긴 건 아니었다.

아무것도 모르는 내가 쓸데없는 질문만 쏟아내 성엄법사를 언짢게 하는 건 아닌지, 대사를 인터뷰하는데 물색 모르는 천둥벌거숭이를 보냈다며 불쾌하게 생각하는 건 아닌지 걱정스러웠다.

잡지 편집장은 내게 성엄법사가 제시한 '영혼의 환경보호'의 개념에 대해 질문하라고 했다.

환경보호라는 개념은 나도 잘 알고 있었다. 시대가 변해 환경보호의 개념이 화두가 되고 환경에 관한 다양한 의제가 사람들의 관심을 끌고 있었다. 이면지를 사용하고 비닐 사용을 자제하며, 사용하지 않는 전기 콘센트는 빼놓는 것이 환경보호를 몸소 실천하는 길이라는 건 나도 알고 있었다.

하지만 그 앞에 '영혼'이라는 말이 들어가자 어떤 개념인지 감이 잡히지 않고 공허한 구호로만 들렸다. 설마 영혼을 재활용하자는 얘기는 아니겠지? 설마 영혼을 아껴서 쓰자는 얘기는 아니겠지?

가끔 인터뷰어가 상대 앞에서 자신이 만만한 사람이 아니라는 걸 보여주려고 할 때가 있다. 특히 백만장자나 스타, 유명한 기업가 등 성공한 사람들을 인터뷰할 때 행여 자신이 너무 초라해 보일까 봐 모르는 것도 아는 척하곤 한다.

CEO에게 질문할 때 이런 식으로 자기 지식을 자랑하는 기자들도 종종 볼 수 있다.

"……TA와 농도의 관계 때문에 리텐션(retention)과 ROI가 고정된 숫자가 아니라는 걸 알고 있습니다. 오래 투자할수록 회원들의 리텐션과 ROI가 현저히 하락합니다. 그럴 때는 다른 경로에서 TA에게 접근하는 한편 지속적인 상품 검수를 통해 리텐션과 ROI를 유지시켜야 합니다. 그러다가 특정 TA 구간이 더 이상 상승하지 않는다면 그때는 어떤 관점에서 접근해야 상품의 TA를 확대할 수 있는지 고민해야 합니다. 기존의 TA 사용 체험이 유지된다는 전제하에 제품을 성장시킬 수 있는 방법을 찾아야 합니다. 이런 딜레마가 닥친다면 어떻게 하실 건가요?"

어떤 세미나에서든 이렇게 '대단한' 기자들이 대기업 총수에게 질문하는 장면을 볼 수 있다. 한번은 이런 질문을 다 듣고 난 CEO가 웃으며 이렇게 대답했다.

"아는 게 아주 많으신데 직접 분석해보시죠. 그 질문에 대한 대답도 알고 있을 것 같군요."

그 기자는 아무 말도 하지 못하고 난감한 미소만 지었다.

그때는 그 CEO가 오만하다고 생각했지만 집에 돌아와 곰곰이 생각해보니 그런 질문을 받으면 어느 누구라도 대답하고 싶지 않을 것 같았다. 우리 모두에게 필요한 것은 상대의 통보가 아니라 경청이다. 대기업의 CEO도 마찬가지다.

"나라면 어떻게 질문했을까?"

모르는 것을 아는 척하지 마라

내가 아무것도 모르고 또 대다수 독자들도 나와 비슷하리라고 생각했기 때문에 상대의 말을 오해 없이 정확히 이해하려고 노력했다. 그래야만 경제적인 내용이든 종교적인 내용이든 심오한 개념을 일반인들에게 잘 이해시킬 수 있었기 때문이다.

나는 성엄법사를 만나자마자 공손한 태도로 내가 불교에 대해 아무것도 모르지만 나 같은 사람도 '영혼의 환경보호'가 무엇인지 알아들을 수 있게 설명해준다면 그것을 나처럼 아무것도 모르는 사람들이 알아들을 수 있도록 자세히 설명하겠다고 말했다. 그리고 이것이 바로 내가 인터뷰를 하는 목적이기도 하다고 말했다.

마른 체구에 점잖은 분위기가 풍기는 성엄법사가 만면에 미소를 지으며 고개를 끄덕였다.

"물질적인 환경오염은 '인위적'인 것이지요. 그런데 인위적인 것이란 사람의 '영혼'과 관계되어 있어요. 그러니까 사람의 영혼이 티 없이 맑고 깨끗하다면 물질적인 환경도 오염되지 않을 겁니다."

성엄법사는 나의 부탁에 따라 어린아이들도 이해할 수 있는 말로 내게 영혼과 환경보호의 관계에 대해 설명하기 시작했다. 예를 들자면 자동차가 대기오염을 유발하는 주범이지만 근본적인 원인은 자동차가 아니라 자동차를 사고 싶어 하는 인간의 욕망이라는 개념이었다.

자동차를 부를 과시하는 수단으로 생각하는 사람들이 많고,

그들이 꼭 필요하지도 않은 자동차를 사서 도시의 교통체증을 심화시키고 대기오염을 심각하게 만든다. 그러므로 영혼의 환경보호란 환경보호를 사람의 마음에서부터 시작하자는 개념이다. 대중교통이 발달한 도시에 살면 굳이 자동차를 살 필요가 없음을 아는 것이 바로 환경보호의 시작이다. 시내에서 과속으로 달리는 것은 그저 사람들의 선망 어린 시선을 받기 위함이지 실용적인 의미는 없다. 그러므로 이것은 영혼의 환경오염이라고 할 수 있다.

성엄법사의 설명은 정말 훌륭했다. 인터뷰를 하기 전 법고산의 다른 법사님과 통화하며 영혼의 환경보호에 대해 물었을 때는 불경 구절을 인용해 설명해주었지만, 성엄법사의 설명은 그것보다 수백 배는 쉽게 이해할 수 있었다.

성엄법사의 설명을 듣고 내가 몰랐던 개념을 완전히 이해할 수 있었으며 아주 일리 있는 개념이라고 생각했다. 성엄법사가 입적한 뒤 나는 법고산에서 환경보호 잡지《환경보호인》을 창간하는 데 도움을 달라는 부탁을 받기도 했다. 아마도 내가 모르는 것을 아는 척하지 않고 설명을 귀담아 경청하고, 질문하는 척하면서 내 지식을 자랑하지도 않으며, 내가 이해하기만 하면 더 많은 사람들이 이해할 수 있도록 설명할 수 있기 때문일 것이다.

인터뷰어는 상대의 말을 경청할 줄 알아야 한다. 그래야만 전문적인 말을 일반인도 이해할 수 있는 쉬운 언어로 '번역'할 수 있다. 인터뷰어의 가치가 바로 여기에 있다. 그렇지 않으면 똑똑한 사람이 이렇게 많은 세상에서 나처럼 머리 나쁜 사람이 설 자리가 없을 것이다.

내가 신뢰할 만한 사람임을 증명하라

한번은 매우 특별한 인터뷰를 의뢰받았다. 일본에서 활동하고 있는 대만 가수 주디 온그(Judy Ongg)를 인터뷰하고 그녀의 전기를 써달라는 것이었다.

주디 온그에 대해 내가 알고 있는 것은 이미 언론에 공개된 내용들뿐이었다. 내가 인터뷰어로서 정말로 누군가가 한 번도 쓰지 않은 그녀의 색다른 이야기를 '발굴해낼' 수 있을지 자신이 없었다.

불안한 마음을 안고 도쿄행 비행기에 몸을 실었다. 그녀를 어떻게 인터뷰해야 할지, 이 프로젝트가 몇 주가 걸릴지, 아니면 몇 개월 또는 1~2년이 걸릴지 아무것도 알 수가 없었다. 내게 그 일을 의뢰한 출판사도 기한을 정해주지 않았다. 살아 있는 '한 사람'에 대해 어떻게 쓸 것인지가 출간 계획보다 더 중요했기 때문이다.

처음에는 주디 온그도 나처럼 불안해 보였다. 어쨌든 일면식도 없는 내가 그녀의 생활을 따라다니며 일거수일투족을 관찰해야 했기 때문이었다. 그녀와 함께 사무실에 출근하고 순회공연을 다니는 그녀를 따라 신칸센을 타고 곳곳을 다녔다. 그녀가 가족들과 함께 밥을 먹고 애지중지하는 강아지를 안고 있는 가장 편안한 시간조차도 낯선 눈동자 두 개가 그녀를 주시하고 있었다.

그녀의 유년기에 대한 이야기부터 시작했다. 그러다가 마침내 그녀의 사랑과 결혼에 대해 이야기해야 할 때가 되었다. 이야기를 시작하기 전부터 긴장된 공기가 느껴졌다. 그녀는 목구멍까지 나온 말을 할까 말까 망설이고 있었다.

나는 이렇게 해서는 이 일을 마칠 수 없다고 판단했다. 그래서 수첩과 볼펜을 내려놓으며 그녀에게 말했다.

"주디, 난 파파라치도 아니고 가십 기사를 쓰려는 것도 아니에요. 남의 사생활에 아무 관심도 없어요. 물론 나도 남이 내 사생활을 파헤치는 걸 원치 않아요. 내가 관심 있는 건 우리가 독자들에게 주디 온그가 어떤 사람인지 어떻게 얘기해줄 것인가예요. 당신이 어떻게 지금의 주디 온그가 되었는지, 내 펜을 통해 이 세상에 무엇을 알려주고 싶은지요. 걱정 말아요. 이 책에는 당신이 말하고 싶은 얘기만 담길 테니까. 당신이 말하고 싶지 않은 일은 쓰지 않을 거예요."

공인이 '신뢰성'과 관계된 일을 하는 것이 얼마나 리스크가 큰지 나는 잘 알고 있었다. 인터뷰어인 나는 물론 미사여구를 동원해 상대에게 신뢰를 얻고 나에 대한 경계를 풀어 하고 싶은 말을 모두 털어놓게 할 수도 있었다. 하지만 만약 그랬다면 다음 날 눈을 뜨는 순간 후회가 물밀듯이 밀려왔을 것이다. 그것은 내가 자극적인 이야기를 찾는 데는 도움이 되지만 장기적으로 보면 내가 믿을 수 없는 사람이라는 것을 증명하는 일이었다. 글 한 편, 책 한 권을 위해 그런 일을 한다는 건 아무리 많은 원고료를 받는다 해도 그럴 만한 가치가 없었다.

시간과 행동, 사실만이 내가 믿을 수 있는 사람임을 증명해준다. 위광중은 오후 한 나절 동안 나를 믿었고, 성엄법사는 하루 동안 나를 믿었으며, BBC 어스의 제작자인 마이크 건턴(Mike Gunton)은 일주일 동안 나를 믿었다. 좋은 인터뷰어는 자신이 신뢰할 만한 사람이라는 걸 증명해야만 한다. 이것은 내가 인터뷰 일을 하기 전까지는 전혀 알지 못했던 점이다.

주디 온그의 전기가 세상에 나온 뒤에도 그녀와 나는 계속 연락을 주고받았다. 아니, 책이 나오기 전보다 더 자주 연락을 주고받았다. 그녀는 가끔씩 내게 자기 노래에 대한 의견을 묻곤 했고 나는 솔직한 대답이 가장 좋은 대답이라는 걸 알고 있었다. 그녀가 판화 전시회를 열게 되었다는 소식을 전했을 때도 내 일처럼 진심으로 기뻐해주었고, 기회가 있을 때마다 그녀가 참여하는 후원 활동을 홍보하며 힘을 보탰다. 그녀는 수시로 이메일 계정이나 페이스북 계정을 바꾸어가며 내게 연락해야 했지만 나는 조금도 개의치 않았다. 오히려 어릴 적부터 스포트라이트를 받으며 살아온 공인들의 일상생활이 얼마나 불편한지, 사소한 사생활 하나를 지키기 위해 얼마나 많은 노력을 기울여야 하는지 알 수 있었다. 나를 믿어준 그녀에게 고마웠고 나의 평범함을 더 소중하게 여기게 되었다.

주디 온그의 전기를 쓴 뒤 나는 모든 인터뷰 대상을, 국내외 유명 인사든 치매 환자를 돌보며 고통받고 있는 환우 가족들이든, 농장이나 목장을 경영하고 있는 독립소농이든 똑같이 솔직한 태도로 대하게 되었다. 내가 하는 일은 그들의 어두운 비밀을 캐내는 것이 아니고 그들의 사생활에는 관심이 없다. 사람이라면 누구나 남에게 알리고 싶지 않은 아픔이 있는 법이다. 인터뷰어인 내가 하는 일은 그들이 하는 이야기를 널리 알리고 인터뷰를 읽는 사람들로 하여금 그들의 시각에서 세상을 바라보게 하는 것이다.

이야기를 들은 사람들 스스로 어떤 판단을 할 수는 있지만 상대를 믿고 운이 좋다면 상대에게 신뢰를 얻는 것이 인터뷰어인 내가 할 수 있는 최선의 일이다.

좋은 질문은 'what'에서 'why'를 거쳐 'how to'로 발전한다

인터뷰를 통해 말하는 법을 배우기 시작했던 1992년 무렵, 세 시간짜리 TV 뉴스 프로그램의 대본을 쓰기 위해 여러 사람을 인터뷰한 적이 있다. 〈XO, 벤츠, 삼각별: 과시에 매몰된 대만〉이라는 제목의 프로그램이었다. 당시 대만인들의 사치스러움은 지금 돌이켜보면 기이하게까지 느껴질 정도로 심각했다.

그때 사회의 현실에 무지했던 나는 내가 모르는 것에 대해 인터뷰할 때마다 '무엇인지(what)' 묻는 데 치중했다. 새로운 것을 볼 때마다 "엄마, 이건 뭐야?"라고 물어대는 호기심 많은 아이처럼 말이다. 하지만 시간이 흐를수록 내 질문이 점점 '무엇인지' 묻는 것에서 '왜(why)'를 묻는 것으로 바뀌었다.

나는 2018년 공익 교류 사이트인 NPOst에 기고한 칼럼에서 어째서 많은 나라의 난민 수용 기구가 난민촌에서 생활하는 난민들에게 '생활 규칙'을 준수하라고 요구하는지에 대해 썼다. 생활 규칙이란 도박 금지, 음주 및 흡연 금지, 큰 소리로 대화하기 금지, 야간 통행 금지, 이성 교제 금지, 취침 시간 및 식사 시간 준수 같은 것들이다. 이런 규정이 존재하는 곳은 엄격하게 통제되는 교도소밖에 없다. 군대보다도 엄격한 이런 규정을 조금이라도 어기면 난민촌에서 추방당해야 한다.

나의 질문이 '무엇'에서 '왜'로 바뀌기까지 거의 30년이라는 시간이 걸렸다. 30년 동안 많은 사람들을 인터뷰하면서 나는 모든 것에 대해 '무엇인지' 묻는 사람에서 점점 '왜인지' 파고드는 사람으로 변했다. 두 가지 모두 매우 중요한 질문이다. 사실 '무엇인지' 모르면 '왜인지' 질문할 기회조차 없다. 나는 내 질문이 사물의 표면적인 현상에서 사물의 본질과 그것이 생겨난 원인으로 옮겨 가는 데 그렇게 긴 시간이 걸렸다는 사실을 알고 깜짝 놀랐다.

아마 앞으로 30년이 더 흐르면 나는 '어떻게(how to)'를 묻는 사람으로 바뀔 것이다. 사람들이 어떻게 사치성 소비를 통해 사회적 지위를 쌓고 있는지, 빈민을 차별하는 세상의 인식을 어떻게 바꾸어야 하는지 같은 것들 말이다. 이건 아주 힘든 일이겠지만 진정한 지도자라면 반드시 마주해야 하는 문제다.

어떤 유형의 질문이든 좋은 질문을 하는 사람이 진정으로 말을 잘하는 사람이다. 좋은 질문은 반드시 얕게 시작해 점점 깊이 들어가야 한다. 처음에는 '무엇'을 묻는 좋은 질문을 해야 현상을 파악할 수 있고, 그다음에는 '왜'를 묻는 좋은 질문을 해야 현상이 그렇게 된 이유를 알 수 있다. 이 두 가지 질문의 답이 명확해져야만 '어떻게'를 묻는 질문을 할 수 있다.

말을 할 때 흔히들 저지르는 실수가 있다. 처음부터 너무 높은 단계의 질문, 즉 '어떻게'를 묻는 것이다. 위에서 얘기한 대기업 CEO가 "기존의 TA 사용 체험이 유지된다는 전제하에 제품을 성장시킬 수 있는 방법을 찾아야 합니다. 이런 딜레마가 닥친다면 어떻게 하실 건가요?"라는, 대단하게 들리는 기자의 질문에 코웃음으로 대응한 이유도 바로 여기에 있다. 질문자가 자신이 묻고 있는 것이 '무엇인지' 알고 '왜' 그런지 알아야만 '어떻게'를 묻는 질문이 의미를 가질 수 있다.

말하는 법을 배우려면 질문을 잘하는 법부터 배워야 한다. 좋은 질문은 '무엇'에서 시작해 '왜'가 되고 마지막에 '어떻게'로 발전해야 한다. 이 중 한 단계도 건너뛰어서는 안 된다.

물론 모든 질문이 해결되어야 하는 것은 아니다. 세계 지도자의 임무에 속하는 일이어서 '어떻게'를 물을 수 없는 문제도 있고, 철학의 범주에 속하는 일이어서 '왜'를 물을 수 없는 문제도 있다. 하지만 모든 일이 '무엇인지'는 명확하게 알아야 하므로 '무엇인지'를 묻는 질문은 필수적이다.

이 점을 기억한다면 더 간단명료하게 핵심을 찌르는 말을 할 수 있을 것이고, 이 점을 잊는다면 수많은 말을 하지만 어느 하나 핵심을 찌르지 못하고 좌충우돌 벽에 부딪힐 것이다. 그렇다면 언변이 아무리 좋아도 소용없다.

2장

타인의 관점으로
세상을 바라본다

─모의 유엔 회의로
배우는 말하기

KEYWORD

말하기의 8가지 테크닉

1 말하기 전에 먼저 입장을 결정하라

2 말하기 전에 절차를 이해하라

3 말하기 전에 목적을 확실히 정하라

4 '토론'은 '토크쇼'가 아니다

5 말하기 전에 글로벌 에티켓을 몸에 익히라

6 말해야 할 때 말하라

7 모국어가 아닌 언어로 말할 때는 천천히 말하라

8 존중하라

'토론'이 아니라 '말하기'다

학생 시절 나는 연단에 나가서 얘기하는 것을 몹시 두려워했지만 툭하면 선생님에게 지명당해 다른 아이들과 한 팀이 되어 토론 대회에 나가야 했다.

내가 토론조로 뽑힌 건 말을 잘하기 때문이 아니라 우리 반에서 대만 사투리인 민난어(閩南語) 억양이 없는 몇 안 되는 학생이었고, 당황했을 때도 욕을 내뱉거나 큰 소리로 외마디 탄성을 내지르지 않았기 때문이었을 것이다.

사실 내가 토론을 싫어했던 건 연단에 나가서 말해야 한다는 점도 있지만 남을 닦아세우며 말하는 방식이 불편했기 때문이다. 토론조의 조장은 평상시에 반 아이들 중 가장 강압적인 말투로 말하는 아이가 많았다. 이유는 모르지만 선생님들은 그런 아이들을 예뻐했다.

"휴! 꼭 그렇게 말해야만 해?"

매번 토론 대회가 끝날 때마다 이렇게 혼잣말로 구시렁거리곤 했다. 토론 대회에서 공격적으로 말하는 내 모습이 싫었다.

나는 토론을 잘하는 사람이 말을 잘하는 사람이라고 생각하지 않았지만, 선생님들은 나의 이런 생각을 이상하게 여겼다. 선생님들은 아이들 사이에서 '말을 잘하는 것'과 '교우 관계가 나쁜 것'이 거의 같은 의미라는 사실을 몰랐던 것 같다. 내성적인 성격에 외톨이가 되는 것이 두려웠던 나는 말을 잘하는 것이 끔찍한 단점이라고 생각했기 때문에 토론조에 지명될 때마다 일부러 아이들 앞에서 과장되게 난처한 표정을 지어 보였다. 그런데 이유는 모르겠지만 고등학교와 대학교에 들어가서는 이상하게 친구가 많아지고 '모의 유엔(Model United Nations)'이라는 토론 대회에 적극적으로 참여하기 시작했다.

모의 유엔은 유엔 회의를 본 뜬 학술 활동으로 다자간 외교 이해, 국제적인 의제 분석 능력 배양, 세계 각지 학생들과의 교류, 연설 및 토론 능력 향상, 조직·기획·관리·연구 및 갈등 해결 능력 배양, 비판적 사고 훈련, 단체정신 및 리더십 향상, 다양한 문화 이해, 국제적인 시야 확장, 각국의 역사적·사회적 입장 이해 등을 목적으로 한 행사다. 한마디로 말하면 유엔 내에서 어떤 방식으로 외교가 이루어지는지 청년들에게 알리기 위한 행사다.

모의 유엔은 세계 각지의 중고등학생과 대학생을 대상으로 매년 전 세계에서 수십 차례 개최되며 400만 명 이상 참여하고 있다. 내가 처음 모의 유엔에 참여한 것은 사실 유엔이나 외교에 대한 관심 때문이 아니었다. 그때쯤 내 몸속에서 '여행자의 혼'이 꿈틀대며 자라났기 때문에, 이 회의를 핑계로 학기 중에 떳떳하게 여행을 다니며 평소에는 절대로 사귈 수 없는 세계 각지의 친구들을 사귀기 위해서였다. 내게 그 회의는 그저 찬반양론에서 다양한 의견으로 형식이 바뀌고, 중국어에서 영어로 언어가 바뀐 토론 대회였다. 그런데 모의 유엔에 참석해 자세히 알고 나니 내가 어릴 적 반감을 가졌던 토론 대회와는 기본 취지가 완전히 달랐다.

나중에 이집트에서 유학 생활을 할 때 카이로 아메리칸 대학(The American University in Cairo)에서 열린 국제 모의 유엔 회의에 참석했다가 이집트에서 나고 자란 인도인 친구 아난을 알게 되었다. 우리가 함께 북한 공동대표로 배정받으면서 그와의 끈끈한 인연이 시작되었다. 지금도 가끔 모교의 초청을 받아 카이로에 가서 해외 모의 유엔에 참가하려는 후배들을 훈련시키고 조언을 해주곤 한다.

　나는 토론은 싫어하지만 국제 모의 유엔 회의는 좋아한다. 모의 유엔을 통해 '토론'과 '발언'이 다르다는 것을 알았고 여덟 가지 말하기 테크닉을 배웠기 때문이다.

말하기 테크닉 1: 말하기 전에 입장을 결정한다

모의 유엔 참석자들이 각각 한 나라의 대표로 모의 유엔 회의에 참석하기는 하지만 모국을 대표하는 것이 아니라 제비뽑기로 나라를 뽑아 그 나라의 외교관 역할을 한다. '1인 대표제'로 한 사람이 한 나라를 대표하는 경우도 있고, '2인 대표제'로 두 사람이 한 나라를 대표하는 경우도 있다. 내가 아난과 함께 북한 대표가 된 것이 바로 후자였다.

　"맙소사! 북한 외교관이 무슨 생각을 하는지 내가 어떻게 알아?"

　나는 뽑은 제비를 펼쳐본 뒤 옆에 있는 아난을 향해 울상을 지었다.

　자신이 대표할 나라가 정해지면 그 나라의 정치가나 대표자, 국민들이 했던 말이나 행동을 조사한다. 성명서도 미리 작성해보며 그 나라의 입장을 확인하고 다른 참석자들에게 자신의 입장과 역할을 미리 알린다. 자료를 충분히 수집한 뒤 현실의 의제나 허구의 국제 상황에 따라 유엔의 각종 회의를 모의로 진행하게 된다. 하지만 북한에 관한 공식적인 외교 자료는 찾을 수가 없어서 어떻게 준비해야 할지 막막했다.

"그거야 간단하지! 생각해보면 되잖아!"

아난은 나이는 나보다 어리지만 훨씬 노련하고 자신만만했다.

아난은 이슬람교가 대부분인 이집트에서 나고 자란 인도인이자 채식주의 힌두교도이기 때문에 그에게는 다른 문화를 인식하는 것이 일종의 직감과도 같았다. 우리는 뉴스 기사를 검색해 북한의 동맹국이 어디인지, 적대국은 어디인지 알아낸 뒤 동맹국들의 공통점과 적대국들의 공통점을 분석했다. 사실 분석할 것도 없을 만큼 특징이 명확했으므로 그것만으로도 충분히 성명서를 쓸 수 있었다.

'말하기 전에 먼저 입장을 결정한다'라는 원칙은 그 후에도 두고두고 내게 큰 도움이 되었다. 일반적으로 말이 이치에 맞지 않는 것은 입장이 분명하지 않기 때문인 경우가 많다. 입장이 불분명한 것은 모든 사람에게 잘 보이려고 하거나 어떤 입장에 서야 하는지 모르기 때문이다. 비유적으로 말하자면 부모의 입장은 친구의 입장과 다를 수밖에 없다. 그런데도 부모가 억지로 아이의 친구인 척하며 말한다면 아무리 들어도 어색할 수밖에 없다.

그러므로 한 나라를 대표해서 말하기 전에 나 자신을 완전히 비우고 머릿속 사고방식을 바꿔야 한다. 코트디부아르든 쿠바든 자신이 대표하는 나라의 외교관이 어떤 입장을 가지고 있는지, 어떤 생각을 하고 어떤 말을 하는지, 무엇에 찬성하고 무엇에 반대하는지, 그들이 하는 말이 진심인지 아니면 외교적 입장 때문에 어쩔 수 없이 그렇게 말하는 것인지 알아야 한다.

특히 그가 왜 그렇게 생각하고 왜 그런 말을 하는지 알아야 한다. 외교관은 이쪽도 옳고 저쪽도 옳다는 식의 두루뭉술한 입장을 취할 수 없으므로 한 나라의 외교관이 되어 모의 유엔 회의에서 발언하기 위해서는 우선 자기 사고방식을 바꾸고 확고한 입장을 확립해야 한다. 모의 유엔에 참가한 경험을 통해 나는 세상을 보는 시각을 바꾸는 것이 아주 중요하다는 사실을 알았다.

말하기 테크닉 2: 말하기 전에 절차를 이해한다

"의장님, 이의 있습니다. 발언자가 의사규칙을 위반했습니다!"
이집트의 모의 유엔 회의 참석자 중 이탈리아계 미국인 루이크가 있었다. 그는 툭하면 손을 번쩍 들고 다른 발언자의 말을 가로막으며 의사규칙을 강조하곤 했다. 심할 때는 한 시간 동안 20번 넘게 손을 들고 이의를 제기하는 바람에 다른 참석자들을 골치 아프게 만들었다.

"루이크는 정말 제멋대로야!"

나중에는 그가 손을 번쩍 들 때마다 모두 미간을 찡그리며 한숨을 내쉬었다. 한창 진행되고 있는 의제 토론이 중단되고 토론의 맥이 끊겼기 때문이다. 그런데 가만히 보니 루이크의 항의는 대부분 이치에 맞는 의견이었다.

모의 유엔의 참석자들은 유엔의 실제 회의 규칙과 절차에 따라 발언하고 연설하고 토론한 뒤 국가 간에 공감대를 형성하고 결의안 초안을 작성해야 했다. 그런 다음 유엔의 표결 절차에 따라 투표해 결의문을 통과시킨다. 수준 높은 모의 유엔 회의의 경우 유엔 산하의 6대 국제기구인 안전보장이사회, 유엔경제사회이사회, 세계보건기구, 유엔난민기구, 유럽연합이사회, 이슬람협력기구, 아시아태평양경제협력체까지 두고 각 위원회별로 회의를 진행하기도 한다.

모의 유엔 회의의 참석자가 모든 의제에 관해 다 알 수는 없다. 실제 각국의 외교관도 모든 사안을 다 아는 것은 불가능하다. 그러므로 회의가 열리기 전 4~9개월 동안 자신이 대표한 나라의 상황과 외교 정책, 회의 기간에 논의할 의제 등에 대해 깊이 있게 연구하고 충분히 준비한 뒤 성명서를 작성하고 정식 회의 전의 모든 업무 회의에 출석한다. 이 점은 순발력 있게 찬반 토론을 해야 하는 토론 대회와 다르다. 토론 대회에서는 순발력, 임기응변 능력, 언변 등이 가치 있는 능력이다. 하지만 이런 능력은 백화점의 창립 기념 경매 이벤트에서는 가치를 발휘하지만 유엔 회의에서는 필요하지 않다. 외교 장소이므로 아무나 말하고 싶다고 말하는 것이 아니라 준비된 사람에게만 발언권이 있기 때문이다.

그런데 가치 있는 말이란 무엇일까?

루이크의 관점에서 회의를 바라보기 시작하면서 많은 사람이 생각을 거치지 않고 급한 대로 입에서 나오는 말을 가볍게 해버린다는 사실을 알았다. 그때그때 생각나는 대로 불쑥 말하면 난처한 상황은 잘 빠져나갈 수 있겠지만, 모의 유엔 회의에서 그런 말을 하면 다른 참석자들에게 무시당할 것이다. 그런 말들은 모두 가치 없는 말이기 때문이다.

그 후 루이크와 나는 친한 친구가 되었다. 우리는 모의 유엔이 끝난 뒤에도 계속 연락을 주고받았고, 그는 나중에 파키스탄에서 중요한 인권 단체를 만들어 현재도 활동하고 있다.

말하기 테크닉 3: 말하기 전에 목적을 정한다

모의 유엔의 대표들은 모두 회의에서 발의, 의제 토론, 제안, 의안 수정, 의안 표결 등을 할 수 있다. 누구든 발언할 때 자기 의견이 무엇인지 명확하게 알고 있고 다른 회의 참석자들에게도 자기 의견을 명확하게 이해시켜야 한다. 발의, 의제 토론, 제안, 의안 수정, 의안 표결 등 모든 발언은 각각의 절차에 속하게 된다. 한 번의 발언에 두 가지 이상의 목적을 섞어서는 안 되고 처음부터 의안 수정을 주장해서도 안 된다.

이 원칙은 훗날 내가 철학을 공부할 때 매우 유용했다. 교실에서 학생들이 손을 들고 질문을 하려고 하면 오스카 철학 선생님은 이렇게 물었다.

"지금 하려는 게 질문인가요, 개인적인 의견 발표인가요, 제안인가요?"

학생들은 자기가 발언하려는 목적이 무엇인지 먼저 말한 뒤에야 발언할 수 있었다.

그런데도 질문을 하고 있다고 말하면서 사실은 개인적인 의견을 표현하고 있는 경우가 많았다. 발언 내용을 들어보면 질문을 가장한 자기 의견이었다. 엄마가 아이에게 "네가 지금 목욕을 해야 할 때라고 생각하지 않니?"라고 말하는 것처럼 말이다. 엄마는 아이에게 묻고 있는 것이 아니라 자기 의견을 표현하고 있는 것이다. 하지만 발언을 하기 전에 자기가 말하는 목적을 확실히 정하지 않으면 대부분은 비합리적인 발언이기 때문에 듣는 사람이 받아들일 수 없다.

모의 유엔에서는 대표가 발언할 때 다른 대표를 비판하거나 반박하거나 논평하는 단어가 들어가 있더라도 곧바로 상대 대표가 대응할 수 없다. 모든 대표의 발언이 끝난 뒤에 의장에게 답변권을 행사해도 좋다는 허락을 받고 나서 발언할 수 있다.

흥분했을 때는 가급적 말하지 않는 편이 좋다는 것도 이 발언 규정에서 배웠다. 정말로 가치 있는 말(예를 들면 자신이 오해받고 있을 때 그에 대한 해명 같은 것들)이라면 시간이 흐른 뒤에 말하더라도 가치가 있다. 시간이 지나면 가치가 사라지는 말은 처음부터 중요한 말이 아니다.

어떤 유형의 발언이든 모든 발언은 말하기 전에 자신의 말이 반박인지, 질문인지, 제안인지 아니면 발의인지 말하는 목적을 분명히 설명해야 한다. 이것이 자기 머릿속에서도 명확히 결정되지 않고 자신이 무슨 말을 하려는지 모른다면 그것은 즉흥적인 의견 표출이나 감정 표출이므로 말하지 않는 것이 좋다.

말하기 테크닉 4: '토론'은 '토크쇼'가 아니다

유엔 회의에는 '정식 토론(formal debate)' 외에도 '중재 회의 (moderated caucus)'와 '비중재 회의(unmoderated caucus)'가 있어서 각국 대표들이 회의 과정에서 서로 의견을 나누며 사적인 협상을 진행할 수 있다.

정식 토론을 진행할 때는 각국 대표들이 자유롭게 논의할 수 없고 국가의 명패를 들어 발언 명단에 등록한 뒤에 의장이 발언할 국가를 결정하면 의사규칙에 따라 발언 기회를 얻는다. 이때도 발언 시간이 제한되어 있어(보통 2분이다) 핵심만 말해야 하기 때문에 의미 없이 길게 늘어놓으며 비위를 맞추는 말도 없고 빙빙 돌려가며 남을 함정에 빠뜨리는 비열한 화술도 없다. 나는 이렇게 단도직입적인 토론 방식을 좋아한다.

모든 의사규칙을 잠시 보류하고 중재 회의를 진행하려고 할 때는 중재 회의를 발의하는 대표들이 반드시 먼저 주제와 전체 시간, 각 대표들의 발언 시간을 설명한 뒤 다수결 투표에서 통과되어야만 진행할 수 있다. 한마디로 게임의 룰이 정해진 다음에야 협상할 수 있는 것이다. 그러므로 중요한 의제가 다른 의제에 발목 잡혀 논의가 지연될 가능성은 없다.

비중재 회의를 진행하고자 할 때도 발의하는 대표들이 먼저 회의를 얼마나 중단할 것인지 시간을 결정한 뒤 다수결을 거쳐 통과되어야만 비중재 회의를 진행할 수 있다. 비중재 회의가 시작되면 대표들은 회의장 안에서 자기 자리를 벗어나 자유롭게 논의하고 토론할 수 있으며 유세를 하거나 문건을 작성할 수도 있다. 비중재 회의가 진행될 때마다 아난과 루이크, 나 이 세 명에게 시선이 집중되었다. 인정을 중시하는 인도, 이탈리아, 대만의 문화적 배경을 가지고 있는 우리들이 뛰어난 친화력으로 회의장을 누비며 미소 띤 얼굴로 진지하게 소통했기 때문이다. 사실 나는 지금도 일할 때 이 방법을 사용하고 있다.

모의 유엔은 토론의 장점은 살리고 내가 싫어하는 토론 대회의 단점은 모두 배제된 형식이었다. 나는 모의 유엔 회의의 회의 규칙을 통해 토론의 진정한 의미는 남들 앞에서 '보여주는' 것이 아니라 솔직하고 개방적인 토론을 통해 진리를 더 명확하게 하는 데 있음을 배웠다.

말하기 테크닉 5: 글로벌 에티켓에 맞게 말한다

대만 대학에 막 들어갔을 때 친구 몇 명과 함께 전 과정이 영어로 이루어지는 '글로벌 에티켓' 훈련 캠프에 참여했다. 그때는 왜 그렇게 스스로 경쟁 환경에 뛰어들며 자신을 학대했는지 기억나지 않지만, 어쨌든 그 훈련 캠프에 들어가 수백 가지 숟가락 사용법을 외우고 최소한 6,000가지 양복 디자인을 익혔다. 날마다 배낭에 플립플랍 차림이었던 내가 걸음걸이, 식사 예절, 우아한 방식으로 애인을 소개하는 방법, 다양한 신분의 사람들을 적절히 호칭하는 방법 등을 익히는 것이 얼마나 고역이었는지 모른다. 나중에는 글로벌 에티켓이라는 말만 들어도 위가 아플 정도였다.

불행하게도 모의 유엔의 회의 역시 글로벌 에티켓을 철저히 지켰지만 다행히 그것은 포크로 직접 고기를 찍어 먹어도 되는지, 영국 상류층이 하는 것처럼 물리의 원리를 완전히 무시한 채 나이프로 고기를 잘게 잘라 포크의 둥근 등에 올린 뒤 태연하게 입으로 가져다 넣어야 하는지에 대한 논쟁이 아니었다. 로버트 토의 절차 규칙(미국의 군인 출신 헨리 마틴 로버트가 개발한 의회 운영 절차), 모의 유엔 토의 절차 규칙 등 유엔회의에서 사용하는 공식적인 의사규칙이었다.

옷차림은 양복을 입기만 하면 그만이었고, 모자를 쓰거나 음식을 먹거나 담배를 피우는 것만 금지되었다. 발언자의 옷차림에 대해 규정을 둔 것은 자기 스스로 격식을 갖추어야만 남에게 자기 말을 들어달라고 요구할 수 있고, 그러지 않고 타인을 무시하면 자신도 타인에게 무시당하기 때문이었다. 격식을 갖춘 옷차림과 공식적인 태도만 갖춘다면 아무것도 문제될 것이 없었다. 이런 것들이 어릴 적 어른들에게 누누이 들어온 잘못된 관념들, 예를 들면 함께 술을 마셔야 사이가 좋아진다거나 자기 과시가 사교의 수단이라거나 진정으로 중요한 일은 비공식적인 자리에서 이루어진다는 등의 관념을 깨뜨려주었다.

물론 유엔 회의에도 비공식적으로 일을 처리하려는 사람은 있지만 그것이 내가 좋아하는 방식이 아니라면 그렇게 할 필요가 없었다. 내가 어릴 적부터 싫어했던 방식으로 일을 처리할 필요가 전혀 없고 공식적인 의사규칙을 따르기만 하면 되므로 훨씬 홀가분했다.

글로벌 에티켓의 핵심은 '규칙'과 '정식'이다. 글로벌 에티켓을 제일 중요한 원칙으로 지키기만 하면 홀가분하고 자유로웠다. 큰 원칙을 지킨다면 고기가 포크 등에서 굴러 떨어질까 봐 걱정할 필요 없이 고기를 포크로 찍어 한입에 크게 넣어도 되고, 고기와 맛없는 으깬 고구마를 함께 섞을 필요도 없다. 또 옷을 깨끗하게 입기만 하면 넥타이를 하는지, 조끼를 입는지, 소매를 접어 올리는지, 단추를 한 개 푸는지 두 개 푸는지는 중요하지 않다.

'사교'와 '말'이 서로 관계는 있지만 똑같은 것은 아니다. 사교와 말을 동일시할 필요도 없고 동일시해서도 안 된다. 글로벌 에티켓은 '형식'으로 옭아매는 것이 아니라 말하는 '태도'다. 이것이 모의 유엔 회의에서 내가 배운 것이다.

말하기 테크닉 6: 방향성을 가지고 명확히 말한다

모의 유엔 회의의 모든 단계는 '투표'의 절차를 거쳐야 한다. 결의할 때도 투표를 해야 하고 토론을 잠시 중단하려고 할 때도 투표를 해야 한다. 얼마나 중단할 것인지, 토론을 중단한 뒤 각 대표들의 발언 시간과 횟수는 어떻게 할 것인지 등 모든 것을 투표로 결정한다. 처음에는 모든 일을 투표로 결정하는 것이 번거롭고 비효율적이라고 생각했다. 하지만 대표들의 이름을 호명해 투표할 때마다 어떤 일이든 그 자리에서 입장을 결정하고 선택해야 한다는 것을 알았다. 그러지 않고 회색지대에 숨어 있거나 남에게 결정을 미루는 것은 모두 무책임한 행동이었다.

대표들이 결의안 초안과 수정안에 대해 충분히 토의하고 나면 토론을 마치자는 발의를 하고 투표에 들어간다. 의장이 영어 알파벳순으로 대표들을 호명하면 호명된 대표들은 "찬성", "반대", "기권" 중 하나로 대답해야 한다. 결의안 초안이 표결에서 통과되면 다른 초안은 표결하지 않고 통과된 결의안 초안을 회의 결의안으로 공표한다.

　초안이 통과되면 해당 의제에 대한 토론이 종료되고 다음 의제에 대한 토론이 시작된다. 모든 의제에 대한 토론이 끝나면 회의가 종료된다. 그러므로 찬성인지 반대인지 투표 때 명확하게 대답해야 한다. 물론 세상 모든 일을 흑백으로 나눌 수는 없고, 찬성이든 반대든 100퍼센트는 없지만 모든 일에 '방향성'이 있어야 한다는 것은 잊지 말아야 한다. 예를 들어 테니스 경기에서 네트를 넘어간 공은 네트 인과 네트 아웃만 있을 뿐, 경계선에 정확히 절반만 닿아 매의 눈을 빌려 판단해야 하는 경우는 사실 많지 않다. 그러므로 공이 네트 안에 떨어지기만 한다면 네트 앞쪽이든 경계선에 가깝든 중요하지 않다. 또 마찬가지로 네트 아웃이라면 경계선에서 얼마나 가까운 곳에 떨어졌는지는 점수에 아무런 영향을 미치지 못한다.

말하기 테크닉 7: 외국어로 말할 때는 천천히 말한다

모의 유엔 회의의 공용 언어는 영어지만 대부분의 참석자들은 영어가 모국어가 아닌 국가에서 왔다. 모국어로 말할 때도 쉽지 않은 내용을 모국어도 아닌 언어로 생각하고 논의해야 하는 것이다. 나도 처음에는 영어로 생각하고 낯선 전문용어를 사용하는 것이 몹시 힘들고 어색했다.

모의 유엔에서 결의안 초안을 입안할 때 전문 부분(preambulatory clauses)과 실행 부분(operative clauses) 두 부분으로 나누어 작성해야 하는데, 전문 부분은 모든 문장의 서두에 'affirming', 'having adopted' 같은 법률적 단어를 써야 한다. 또 실행 부분의 경우 문장 안에 하위 조항(sub clauses)이나 차하위 조항(sub-sub clauses) 등을 넣어 내용을 더 완전하게 하려고 할 때는 반드시 주요 조항과 한 문장으로 연결해 전체 조항이 자연스럽게 이어져야 한다. 어릴 적부터 효율성을 주입식으로 교육받은 내게는 이런 형식이 몹시 비효율적으로 느껴졌다.

하지만 모두 자신의 모국어가 아닌 언어로 말하고 있으므로 한 단어 한 단어 천천히 쓰고 말하는 것에 아주 큰 장점이 있다는 사실을 금세 깨달았다.

평소에 모국어로 말할 때는 언변이 뛰어난 사람이라면 얼마든지 거짓말로 포장할 수 있다. 화려한 미사여구와 수미상관 방식으로 자기 말을 포장하면 진정한 의도를 가리고 상대를 속일 수 있다. 하지만 모의 유엔 회의에서는 모든 사람이 이해할 수 있고 동의할 수 있는 단어를 사용해야 한다. 언어유희를 이용해 진정한 의도를 감추려는 시도는 그 자리에서 "그 단어는 무슨 뜻입니까?"라는 단순한 질문 하나로 들통나버린다.

그러므로 모국어가 아닌 언어를 사용할 때는 천천히 말해야 자신의 진정한 생각을 타인에게 이해시킬 수 있고 진지한 사람이라는 인상을 줄 수 있다.

말하기 테크닉 8: 결정을 존중하고 따른다

마지막으로 수정안이든 결의안 초안이든 모든 회의 문건은 표결을 통해 통과되어야 한다. 결의안 초안의 표결은 참석한 대표 중 3분의 2 이상이 찬성해야 하고, 어떤 문건이든 유효표 중 찬성표가 3분의 2를 넘어야만 통과된다.

찬성표가 3분의 2를 넘어야만 초안을 통과시키는 제도를 경험하면서 소수가 다수에게 복종하고 다수가 소수를 존중하는 것이 얼마나 중요한지 깨달았다. '개인의 가치관'과 '전체의 가치관'이 충돌하는 경우가 있을 수 있다. 비록 전체의 가치관이 틀린 것이어서 시간이 흐르며 뒤집힐 수도 있지만, 전체의 가치관이 우리가 말하는 '상식'이라는 사실을 인정하지 않을 수 없다. 개인의 가치관을 고수하며 상식에 위배되는 일을 하는 것은 바람직하지 않다.

하지만 안전보장이사회의 5개 상임이사국인 미국, 러시아, 중국, 영국, 프랑스는 부결권을 가지고 있다. 이 가운데 어느 한 나라라도 반대하면 표결 결과에 상관없이 그 문건은 즉시 부결된다. 상임이사국이 부결권을 가지고 있는 것은 매우 불공평한 일이다. 하지만 이것이 국제적인 현실이다.

모의 유엔을 통해 불공평한 현실을 실감하고 현실의 냉혹함을 더 절실하게 느꼈다. 훗날 내가 부결권을 가진 강자가 되더라도 어떤 결정을 내릴 때 더 겸손하고 신중하게 행동하지 않는다면 모두가 싫어하는 패권주의자가 되리라는 사실을 배웠다.

나는 모의 유엔 회의를 통해 말하기의 테크닉 여덟 가지를 배우고 국제 의제에 더 깊은 관심을 갖게 되었으며, 문제 해결 능력과 영어 구사력, 사교 능력을 기를 수 있었다. 또한 리더가 아닌 협조자가 갖추어야 하는 인격과 자질이 무엇인지 배웠고 남들 앞에서 내 의견을 말할 수 있는 자신감을 얻었다.

3장

자기 목소리를 찾는다
—라디오 진행으로 배우는 말하기

KEYWORD

생각해보자.

자기 말을 듣기 싫어하는 것은

말의 내용과 말하는 방식이 싫어서인지,

자기 목소리가 싫어서인지.

우연히 내 목소리를 찾은 날

노래방에서 노래 부르기를 좋아하고 자기가 가수보다 더 노래를 잘한다고 자랑하면서 휴대전화로 녹음한 전화 음성을 들려주면 기겁하며 손사래를 치는 사람들이 있다.

"너무 이상해요! 안 들을래요!"

이런 사람들의 문제점은 자기 목소리를 모르는 것일까, 자기 목소리를 싫어하는 것일까?

나도 예전에는 내 목소리를 모르고 또 좋아하지도 않았다. 자기 목소리를 찾지 못하면 아무리 화술을 배워도 소용이 없다. 자기 얼굴에서 어디가 예쁜지도 모르는 사람이 아무리 메이크업 기술을 배워도 자기 외모를 좋아할 리 없는 것과 마찬가지다.

내 목소리를 알지 못하고 좋아하지도 않았을 때는 말을 하지 않을 수 있다면 최대한 말을 하지 않았다. 꼭 말을 해야 할 때도 남들이 듣지 못할 만큼 작은 소리로 말했다. 아마도 내가 어릴 적부터 글쓰기를 좋아했던 것도, 처음 시작한 아르바이트가 글 쓰는 일이었던 것도 그런 이유에서였을 것이다.

돈을 벌기 위해 닥치는 대로 소설을 쓰고 라디오 방송 대본도 쓰고 있을 때, 한번은 시간이 촉박해 방송 대본을 쓰자마자 곧장 녹음실로 달려갔다. 숨을 헐떡이며 도착해 대본을 넘겨주었는데 녹음 조정실에서 녹음 엔지니어의 목소리가 들렸다.

"어이, 시간 있어?"

나는 깜짝 놀라 물었다.

"네?"

"녹음 한번 해보자고. 30분이면 돼. 돈은 현금으로 바로 줄게."

녹음 엔지니어는 내가 보수가 적어서 망설이는 줄 알고 보수를 1,000위안이나 올려주었다.

그렇게 해서 방음문이 굳게 닫히고 나는 졸지에 백화점 창립 기념일 행사와 슈퍼마켓 특가 세일 광고를 녹음하게 되었다. "자, 놓칠 수 없는 기회입니다!", "살수록 돈 버는 겁니다!" 같은 15초짜리 광고였다. TV로 나가는 것도 있고 매장에서 직접 틀어주는 것도 있었다.

경험이 없는 내가 평상시 속도대로 원고를 읽자 엔지니어가 녹음실로 연결된 마이크를 열고 말했다.

"너무 느려! 2초 안에 끝내야 돼!"

하지만 빠르게 말하다가 글자들이 연쇄추돌사고를 내고 말았다. 간신히 속도 조절을 해냈더니 이번에는 또 다른 지적이 날아왔다.

"너무 무거워. 웃어야지!"

긴장돼 죽겠는데 웃으라니! 하지만 이것만 마치면 돈을 받을 수 있다는 생각을 하자 얼굴에서 저절로 웃음꽃이 피었다.

"에이! 소리 내서 웃으라는 게 아니라 목소리에 웃는 표정을 지으라고!"

엔지니어가 나 때문에 혈압이 잔뜩 오른 것 같았다.

낚싯바늘에 걸린 물고기처럼 입가를 말아 올린 표정으로 말을 하면 웃으며 말하는 것처럼 들린다는 것을 그때 처음 알았다.

한번 녹음을 할 때마다 녹음 조정실에 있는 사람들이 스피커로 내 목소리를 크게 틀어놓고 발음과 목소리를 평가했다. 내 목소리를 듣는 데 익숙하지 않은 나는 제품 검수를 받는 것처럼 부끄럽고 민망했다.

30분 동안 수없이 반복해서 녹음한 끝에 15초짜리 광고 세 편의 녹음이 끝났다. 알고 보니 그날 녹음을 하기로 한 성우가 심한 목감기에 걸려 녹음을 할 수가 없는데, 그날 저녁 방송 일정이 잡혀 있고 광고주는 반드시 남자 성우를 써야 한다고 고집하는 상황이었다. 난감한 상황에서 노심초사하고 있을 때 엔지니어가 마침 원고를 제출하러 온 내 목소리를 듣고 나를 대타로 투입한 것이었다. 다행히 광고주가 내 목소리를 마음에 들어 했다.

엔지니어가 가죽 재킷에서 돈을 꺼내 약속한 액수를 건네며 내게 말했다.

"전화번호 하나 놓고 가. 녹음할 일이 있을 때 부를게."

갑작스러운 얘기에 놀라 울고 싶었다. 내 목소리를 좋아해주는 사람이 있다는 걸 난생처음 알았기 때문이었다. 그날 나는 내 목소리를 찾았다.

모든 목소리는 특별하다

노래 경연 대회 우승자가 오디션 보러 가는 친구를 따라갔다가 관계자의 눈에 띄어 노래를 한 소절 불렀더니 깜짝 놀라며 친구 대신 자신을 출전시켰다는 식의 얘기 같겠지만, 나에게 이런 일이 생길 줄은 나조차도 예상하지 못했다. 이렇게 해서 얼떨결에 목소리를 이용해 돈을 벌기 시작했다.

광고 대본 쓰는 일을 계속 했지만 대본을 다 쓰고 나서 직접 녹음까지 했다. 굵은 목소리 때문에 늘 아빠 역할을 맡았기 때문에 성우들 사이에서 나이와 상관없이 '아빠'라는 별명으로 불렸다. 성우들의 목소리 나이는 실제 나이와 차이가 커서 할머니뻘 되는 나이의 성우가 만화영화 속 여자아이의 목소리를 맡기도 했다.

광고 녹음을 많이 하다 보니 가끔 TV나 라디오에서 또는 슈퍼마켓이나 백화점에 갔다가 무방비 상태에서 내 목소리를 듣는 경우도 있었다. 그러면 깜짝 놀라 얼굴이 빨개지고 혹시 누가 나를 알아보는 건 아닌지 주위를 두리번거리다가 그런 내 모습에 웃음이 터졌다. 이 목소리가 내 목소리라는 사실을 사람들이 알 리가 없지 않은가! 내 모습이 우스꽝스럽다는 걸 안 순간 한 가지 사실을 깨달았다. 무방비 상태로 공공장소에 있다가 내 목소리를 알아들은 건 내 목소리가 독특하기 때문이라는 것을 말이다.

사실 사람들의 목소리는 지문만큼이나 다르다. 그러므로 목소리는 좋고 나쁘다를 논할 수 없으며 모든 목소리가 '특별하다'. 많은 사람이 그걸 모르고 있을 뿐이다.

처음으로 내 목소리에 관심을 가진 건 중학교 때 교내 합창 대회에 나갔을 때였다. 파트를 나눌 때 나는 아주 당연하다는 듯 베이스 파트로 분류되었다. 그때 난생처음으로 내 목소리가 남들보다 굵다는 것을 알았다.

외국에서 유학하고 각국을 돌아다니며 일할 때도 내 목소리가 처음 만나는 외국 친구들의 관심을 끌곤 했다. 대부분 "목소리가 이렇게 굵은 동양인은 처음 봐"라고 말했고 심지어 어떤 친구는 "이런 말이 이상하게 들리겠지만 네가 항상 연설을 하는 것처럼 들려"라고 말했다.

내 목소리가 독특하다는 걸 알게 된 뒤 목소리에 점점 자신이 붙었다. 녹음 엔지니어가 돈을 올려주면서까지 나를 성우로 쓰려고 했던 이유가 있었던 것이다.

목소리는 좋고 나쁨도, 완전함도 부족함도 논할 수 없다. 다듬고 훈련하면 어떤 목소리든 개성 있는 목소리가 될 수 있다. 작은 눈이 콤플렉스인 여자가 남들에게 자신의 외까풀 눈이 개성 있게 보인다는 것을 알고 눈매를 강조하는 메이크업을 통해 매력적인 동양 미인으로 변신하는 것과 마찬가지다.

얼떨결에 성우 일을 하게 된 뒤 나는 더 이상 내 목소리를 싫어하지 않았고 공공장소에서 갑자기 내 목소리가 들려도 난처해하지 않았다. 말재주가 있다는 얘기는 어릴 적부터 들었지만, 내가 개성 있는 목소리를 가졌다는 사실을 안 것은 녹음실에서 예상치 못하게 '내 목소리를 찾은' 뒤부터였다.

나 자신과 목소리를 일치시키라

인터넷에서 '화장 전'과 '화장 후'를 비교한 사진들을 많이 보았을 것이다. 밋밋했던 얼굴 위에 그림을 그리듯 화장을 하면 절세미인으로 변신한다. '화장'이 아니라 '재탄생'이라고 불러도 손색없을 정도다.

그런 사진을 본 뒤 나는 소위 '인터넷 얼짱'이라고 불리며 스타가 된 사람들이 어째서 대중 앞에 자기 모습을 드러내지 않으려고 하는지 알 수 있었다. 아무리 아름다운 미모를 가졌고 정성껏 화장을 했어도 현실에서의 모습이 포토샵으로 몇 시간 동안 보정한 사진과 같을 수는 없다. 그러므로 현실 속 자신이나 화장을 지운 자신, 렌즈 바깥의 자신을 보고 사람들이 실망할까 봐 두려운 것이다.

인터넷 스타들만 그런 게 아니다. 연예인들도 나이가 들면 나이 든 모습을 보여주기 싫어 대중 앞에 모습을 드러내지 않으려 한다. 이 얼마나 괴로운 인생인가!

성우 일을 시작한 뒤 새롭게 알게 된 사실이 있다. 성우나 라디오 진행자들 중 마이크가 꺼지고 나면 빛을 잃고 퇴색하는 사람이 많다는 것이었다. 평상시에 말할 때 말의 논리가 부족하고 사고방식에 편견과 차별이 가득 차 있으면 대본을 읽을 때처럼 근사한 목소리로 말해도 말을 잘한다고 느껴지지 않았다. 은쟁반에 옥구슬 굴러가는 듯한 아리따운 목소리로 남의 불행에 쾌재를 부르는 사람들을 보며 '좋은 목소리'와 '언변'은 완전히 별개라는 것을 알았다.

정식 훈련을 받지 않고 우연한 기회에 성우 일을 시작한 데다가 내 목소리를 찾은 지도 얼마 되지 않은 나는 중요한 결정을 내려야만 했다. 내 목소리를 나 자신과 일치시키기로 한 것이다.

우리의 내면이 목소리를 통해 말이라는 형식으로 표현되므로 우리 자신과 말은 떼려야 뗄 수 없는 관계에 있다. 하지만 목소리로 밥을 먹고 사는 많은 사람이 그저 근사한 목소리만 가졌을 뿐 타인과 소통하는 법을 모르고 있다. 그렇다면 이건 두껍게 '화장한' 목소리가 아닐까?

이런 인공적인 아름다움을 보며 그들의 노력과 기교에 감탄하지만 그들의 목소리를 믿기는 힘들다. 어떤 것이 진정한 그들인지 알 수 없기 때문이다. 또 목소리 주인의 내면과 차이가 있으면 아무리 듣기 좋은 목소리라도 사람들에게 공감과 신뢰를 불러일으키기는 힘들다.

영국 BBC에서 발행하는 잡지 《라디오 타임스Radio Times》가 어떤 진행자의 목소리가 청취자들에게 가장 호감을 주는지 알아보기 위해 실시한 조사에서 1위를 차지한 사람은 상류층이 사용하는 이른바 '여왕의 영어(Queen's English, 잉글랜드 남부 억양의 영어로 영국 표준 영어로 불림)'를 구사하는 진행자가 아니라 에디 마이어(Eddie Mair)와 커스티 영(Kirsty Young)이었다. 두 사람 모두 스코틀랜드 출신으로 약한 스코틀랜드 억양을 가지고 있다.

이것은 대만인들이 예전에 베이징 억양의 정통 표준 중국어를 구사하는 TV 아나운서의 말을 들으며 '아름다움'을 느끼기는 했지만, 그 아름다움을 통해 거리가 가까워지는 것이 아니라 우리 사이에 보이지 않는 장벽이 존재한다고 느꼈던 것과 같다. 말이 장벽이 되고 그들은 장벽 안에, 우리는 장벽 밖에 있어서 뛰어넘을 수 없는 것처럼 말이다.

말의 내용에 집중할 수 있는 목소리로 말하라

그런 모습을 보며 무척 곤혹스러웠다. 언어는 다른 사람과 소통하고 사람과 사람 사이의 거리를 좁히기 위한 것이 아닌가?

베테랑 배우 케이트 리(Kate Lee)가 BBC 라디오 진행자들에게 발성법을 가르칠 때 자신이 했던 한 가지 실험에 대해 얘기한 적이 있다. 그녀의 얘기가 나의 오랜 의문을 풀어주었다.

"30대 이하 청취자들은 나이가 많은 청취자들에 비해 '미성'

에 큰 흥미가 있진 않은 것 같아요. 열여덟 살 연기과 학생들을 대상으로 실험을 한 적이 있어요. 진행자 순위에서 2위를 차지한 샬롯 그린(Charlotte Green)이 BBC 4 채널에서 뉴스를 진행했던 아름다운 목소리와 사투리 억양이 약간 섞인 민간 라디오 방송국 아나운서의 목소리를 들려주면서 어떤 목소리가 더 듣기 좋은지 물었더니 대부분의 학생이 샬롯 그린의 목소리가 더 좋다고 대답했어요. 하지만 정보 흡수량을 조사해보니 사투리 억양이 섞이고 문장 끝을 살짝 올려서 읽는 아나운서의 말에서 더 많은 정보를 얻은 것으로 나타났어요."

스코틀랜드 억양을 가진 사람이 영어로 말하면 마치 노래를 부르는 것처럼 말에서 멜로디가 느껴져 듣는 사람들에게 호감을 준다.

그 얘기를 듣고 대만에서 고등학교에 다니던 시절이 떠올랐다. 우리는 야간 자습 시간에 선생님 몰래 AM 라디오 방송을 듣곤 했다. 그렇다. FM이 아니라 AM이다. 당시 젊은이들은 사실 라디오를 거의 듣지 않았고 듣더라도 음질이 더 좋고 프로그램 수준도 높은 FM 라디오를 들었다. AM 라디오는 노인들만 듣는 방송이라는 인식이 있었다. 아주머니 청취자들이 전화를 걸어 노래자랑을 하거나 진행자가 10분쯤 얘기하다가 간이나 눈에 좋다는 이상한 약을 파는 그런 방송 말이다.

하지만 우리 반 친구 하나가 이상한 프로그램을 추천해주었다. 819킬로헤르츠에서 매일 밤 12시에 시작하는 〈밤의 선율〉이라는 프로그램이었는데 대만 억양이 강한 구양(谷陽)이라는 남자 진행자가 진행했다. 주로 그가 운영하는 레스토랑 광고가 대부분이었지만 유머 감각과 순발력이 좋아 듣는 재미가 있었다. 그중에서도 독자들이 직접 편지를 보내 고민 상담을 하는 '꿈의 우체통'이라는 코너가 제일 인기가 많았다. 그 코너로 편지를 보내는 청취자들은 대부분 청소년이었다. 제일 어울리지 않는 것은 그 걸걸한 목소리의 아저씨 진행자가 제일 자주 틀어주는 음악이(거의 매일 틀어주었다) 무명의 오스트리아 가수 팔코(Falco)가 독일어로 부른 우울한 노래 〈지니Jenny〉였다는 점이다.

이 프로그램이 고민 많은 중고등학생들 사이에서 인기가 많았는지 그가 운영하는 레스토랑은 점점 진행자와 청취자들의 팬 미팅 장소가 되어갔다. 그 프로그램을 듣는 친구들은 마치 비밀결사라도 맺은 듯 수업시간에 누군가 한 번씩 뜬금없이 그 진행자의 말투를 흉내 내 멘트를 따라 하곤 했다. 그러면 남학생들은 배꼽을 쥐고 웃음을 터뜨리고 그 프로그램을 듣지 않는 우등생과 선생님은 우리가 왜 이러는지 도통 모르겠다는 표정으로 눈을 흘기곤 했다. 그 진행자의 목소리는 일종의 일탈이자 위로이며 청춘의 증명 같은 것이었다.

또 시험을 보다가 모르는 문제가 나와 머리를 쥐어짤 때마다 나도 모르게 〈지니〉에 나오는 영어 가사 한 소절을 흥얼거리기 시작했다.

Jeanny, quit livin' on dreams

Jeanny, life is not what it seems

Such a lonely little girl in a cold, cold world

There's someone who needs you……

지니, 꿈꾸듯 세상을 살지 마

지니, 삶은 보이는 게 전부가 아니야

그토록 외롭고 어린 소녀가 이 추운 세상에서

널 필요로 하는 이가 있단다……

구양의 인기가 최고조를 달리고 있을 때는 당시 고등학생들의 우상이었던 양린(楊林), 진루이야오(金瑞瑤) 등을 초청해 국부기념관에서 콘서트를 열기도 했다.

오리무중의 대입 시험과 함께 고등학교를 졸업한 뒤에는 구양의 프로그램을 듣는 것도 시들해져 더 이상 한밤중에 잠음 섞인 AM 라디오를 듣지 않았다. 하지만 그때 그 시간들, 사투리 억양이 잔뜩 섞인 구양의 목소리, 다소 거칠고 서툴게 진행하던 그의 방송을 생각하면 나도 모르게 큰 위안을 느끼곤 한다.

내 두 번째 여행 에세이의 제목 《지니, 모스크바는 어때?》는 사실 내 마음속 그 시절의 나에게 하는 말이다. 나중에 아무짝에도 쓸모없음이 증명된 중일전쟁의 발단부터 결과까지 달달 외우는 동안 팔코가 낯선 독일어에 영어를 섞어 지니를 구하겠다고 허스키한 음성으로 노래하던 그 시절 말이다.

케이트 리의 얘기를 듣고 BBC 4 채널 진행자인 미샬 후세인(Mishal Husain)이 인기가 많은 이유도 알았다. 파키스탄계 영국인인 그녀는 발음이 분명하면서도 물 흐르듯 자연스럽다. 한 글자씩 또박또박 발음하는 '여왕의 영어'는 아니지만 듣고 있으면 그녀에게서 오만하지 않은 친근감이 느껴진다. 그녀의 목소리에 신경이 분산되지 않고 라디오를 들으면서 하던 일을 계속할 수 있다. 듣는 사람에게 거슬리지 않고 말의 내용에 집중할 수 있는 목소리로 말해야 내가 하는 말의 내용을 진정으로 상대에게 전달할 수 있다.

나도 그렇게 말하는 사람이 되자고 나 자신과 약속했다.

목소리로 '소리의 풍경'을 만들어야 한다

녹음실에서 만나는 성우 선배들은 낮에는 라디오 방송국에서 영화 더빙, 광고 녹음 등을 열심히 했지만 사실 그건 그들의 부업일 뿐이었다. 그들 대부분이 라디오 프로그램 진행자로 일하고 있었던 것이다. 얼마 후 나도 선배의 소개로 라디오 프로그램 진행을 맡게 되었다.

그렇게 시작해서 몇 년 동안 매주 5일씩 평일에 하는 프로그램, 매일 두 시간씩 하는 심야 프로그램, 젊은이를 위한 주말 아침 여행 프로그램, 해외 화교들을 위한 대담 프로그램 등 수많은 프로그램을 맡아서 진행했다. 그러다 보니 어느새 '말하기'가 나의 대학 시절 중요한 수입원이 되었다. 심지어 글쓰기나 번역보다 수입이 더 안정적이었다. 예전에는 결코 예상하지 못했던 일이었다.

'말하기'와 '목소리'를 내 도구로 삼았으므로 설비공이나 미장이가 각종 도구를 자유자재로 다루고 여러 가지 굵기의 드라이버를 사용하듯이 나도 한 가지 도구에 만족할 수 없었다. 우선 내 도구상자 속에 어떤 것들이 들어 있는지 파악하기로 했다.

주변 사람들에게 의견을 듣고 내 목소리를 직접 녹음해서 들어본 뒤 내 목소리에 어떤 특징이 있는지 알 수 있었다.

목소리가 굵은 편이다.

말하는 속도가 느린 편이다.

말할 때 억양의 높낮이가 별로 없는 편이다.

문장과 문장 사이의 공백이 길다.

목소리가 크지는 않지만 내 상상보다 훨씬 멀리까지 들린다.

내 대만식 중국어가 대만에서는 남자답게 들리지만 중국이나 싱가포르, 말레이시아에서는 점잖거나 심지어 우울하게 들리기도 한다.

각각의 특징에는 장단점이 있다. 예를 들면 내 굵은 목소리를 처음 듣는 사람들은 놀라면서 관심을 갖기도 하고 어떤 사람들은 '아버지' 같은 안정감이 느껴진다고 한다. 하지만 굵은 목소리는 시간이 지날수록 어둡게 들리고 남들보다 더 쉽게 목이 쉰다.

또 말하는 속도가 느리고 높낮이가 별로 없어 평온한 느낌을 준다. 하지만 오래 얘기하면 듣는 사람이 집중하기 힘들고, 내 얘기를 들으면 졸음이 온다는 사람도 있었다.

문장과 문장 사이의 공백이 길기 때문에 내 표정을 보지 않고 목소리만 들으면 활기가 없는 사람처럼 느껴질 수 있다.

대만식 중국어의 고상한 표현 방식이 예의 바르고 온화하다는 인상을 주기는 하지만 대만식 중국어에 익숙하지 않은 사람들에게는 낯간지러울 수 있다.

자기 목소리의 특징과 남들이 생각하는 장단점을 알고 나자 라디오 방송 진행자라는 일에 대해 더 책임감을 가지고 임하게 되고 내 말투와 목소리를 개선하려고 노력하게 되었다.

심야 프로그램을 진행할 때는 원래 하던 대로 굵은 목소리와 느린 속도, 밋밋한 억양을 그대로 유지했다. 문장과 문장 사이의 공백도 수묵화의 여백 같은 역할을 하고, 마이크를 통해 들리는 숨소리도 좋은 음향 효과가 되었다. 모두가 잠든 조용한 밤에는 그런 말투가 마치 누군가 곁에 있는 것처럼 사람을 차분하고 편안하게 해주기 때문이다. 한밤중에 라디오를 듣는 사람들 중에는 외로운 사람이 많을 테니 그런 것들이 도움이 되었다.

'외로운 사람들에게 친구를 만들어줘야겠어!' 이런 생각으로 두 사람을 섭외해 게스트로 출연시켰다. 그 일을 계기로 나와 평생 친구가 된 두 사람 중 한 명은 당시 대만 대학 철학과를 다니고 있었고 나중에 〈보이지 않는 대만〉이라는 다큐멘터리를 만든 린밍첸(林明謙) 감독이고, 다른 한 명은 서울에서 대만으로 유학 온, 얌전한 외모지만 수시로 욱하는 성격을 지닌 아경(阿涼)(대만인들은 이름 중 한 글자 앞에 '아'를 넣어 애칭으로 부른다-옮긴이)이다. 매일 밤 생방송을 마치고 나면 우리는 진작 폐차장으로 보냈어야 할 낡은 차를 타고 집으로 가다가 가끔 찻집에 들러 차를 마시기도 하고, 일본풍 카페에 앉아 방송에서 나누지 못한 애기를 나누곤 했다. 그들과 친해진 뒤 나도 말하는 것이 좋아지기 시작했다.

하지만 낮 시간대나 주말 프로그램에서는 목소리를 일부러 높이고 말하는 속도도 높여야 했으며, 문장과 문장 사이의 공백을 줄여 더 젊고 활력 있게 들리도록 해야 했다. 또 해외 화교들을 대상으로 한 프로그램에서는 좀 더 강한 어조로 말하고 문장 끝을 길게 빼는 대만인들의 버릇이 나오지 않도록 주의했다. 이런 버릇에 익숙하지 않은 사람들이 들으면 귀에 거슬려서 말의 내용에 집중하는 걸 방해할 수 있기 때문이다.

하지만 이런 사소한 부분을 제외하면 억지로 발음을 교정하려고 하지 않고 평상시에 말하는 방식대로 자연스럽게 말했으며 목소리 표정도 마이크가 꺼졌을 때와 차이가 없었다. 그래서 내 목소리만 들었던 사람이 나를 직접 만났을 때도 오래전부터 아는 사람인 것처럼 느꼈다. 아나운서나 성우 선배들을 처음 만났을 때 마이크 앞에서와 사적으로 대화할 때가 너무 다른 걸 보고 내가 느꼈던 혼란한 느낌을 주고 싶지 않았다.

이렇게 깨달은 원칙을 글쓰기에도 의식적으로 적용했다. 내 글을 읽은 독자들과 내 방송을 들은 청취자들, 공적인 자리에서 나를 직접 만난 사람들이 모두 나를 익숙하게 느끼기를 바랐다. 한마디로 말하면 말과 글, 마음이 일치된 사람이 되고 싶었다.

이렇게 일치시키려고 한 것은 그렇게 해야 내가 가장 자연스럽기 때문이었다. 사적으로 말하든, 글을 쓰든, 마이크 앞에서 말하든, 머리로 생각하든 모든 것이 똑같다면 내가 어디서 무엇을 하든 실수할 일이 없으니 말이다.

주위에 나와 생각이 다른 친구들도 있다. 그들은 마이크 앞에서나 무대 위에서 완전히 다른 사람으로 돌변한다. 자신이 연기를 하고 있는지 실제 생활인지 언제 어디서든 자각할 수 있기 때문에 실수할 일은 없다고 말한다.

어떤 쪽을 선택할 것인지는 각자의 몫이다. 하지만 말을 할 때 정원사처럼 목소리와 목소리 표정을 이용해 '소리의 풍경'을 만들어야 한다는 점은 누구에게나 중요하다. 파도 소리만 들어도 바닷가의 독특한 지형이 떠오르는 것처럼 목소리로 풍경을 만드는 것이다. 사람들이 내 목소리만 듣고도 나라는 사람을 떠올리길 바랐다. 나와 직접 대면하든, 슈퍼마켓에서 광고 방송을 듣든, TV 광고에 나온 목소리를 듣든, 아니면 전화 통화를 하든, 라디오 방송을 듣든, 내가 쓴 글을 읽든, 라디오 드라마 대본을 통해 나를 만나든, 언제 어디서든 내 목소리로 작은 풍경을 만들어 사람들이 나를 떠올리고 친근함과 푸근함을 느끼게 하고 싶었다.

내 목소리를 듣는 것조차 괴로워하던 내가 목소리를 적절히 사용한다면 반드시 아름다운 목소리가 아니더라도 누군가에게 큰 위로를 줄 수 있다는 사실을 배웠다. 그리고 그때부터 점점 내 목소리를 세상에 주는 선물로 생각하게 되었다. 내게 이런 깨달음을 준 사람은 바로 AM 라디오 진행자 구양이었다.

이 모든 것이 내 목소리를 듣는 연습에서부터 시작되었다. 생각해보라. 만약 자신이 말하는 것을 듣기 싫다면 그것은 말하는 내용이나 방식이 싫어서인가, 아니면 말하는 목소리가 싫어서인가? 만약 방송에서 흘러나오는 자기 목소리가 듣기 싫다면 그것은 그 목소리가 당신 같지 않아서인가, 아니면 그게 당신이 아니기 때문인가?

화술을 배우기 전에 반드시 먼저 자기 목소리를 찾고 목소리와 나 자신의 관계를 생각해야 한다는 사실을 예전에는 미처 알지 못했다.

4장

아름다운 사람보다 매력 있는 사람이 된다

─ TV 프로그램 진행으로 배우는 말하기

KEYWORD

말을 잘하는 진행자가
되고 싶다면 비결은
단 하나,
책을 많이 읽는 것이다.

말할 때
아름다운 사람이 아니라
매력 있는 사람이 돼라.

자기 인생의 훌륭한 진행자가 돼라.
하루하루가 다시 찍을 수 없는 생방송이다.

TV 프로그램 진행자에 도전하다

어른이 되어서 좋은 점 가운데 하나는 어릴 적에 생각했던 것처럼 일단 한 가지 직업을 선택하면 평생 그 직업에 종사하는 것이 아니라 얼마든지 직업이 바뀔 수 있다는 사실을 알게 된 것이다. 예를 들어 시먼딩(西門町)에서 레스토랑을 운영하던 구양은 일반적인 기준으로 볼 때 라디오 진행에 적합하지 않은 억양과 발음을 가지고 있었지만 라디오 프로그램으로 큰 인기를 끌었다. 또 전문적인 교육을 전혀 받지 않은 내가 아르바이트로 성우 일을 하다가 라디오 진행자로 변신했다.

자신이 미국의 라디오 산업을 변화시켰다고 주장하는 진행자 하워드 스턴(Howard Stern)은 논란을 몰고 다니는 인물이다. 역사상 가장 인기 많은 라디오 진행자이지만 미국인 중 절반이 그를 싫어한다(나도 그를 싫어하는 쪽이다). 그는 라디오 진행을 할 때 카메라를 옆에 켜놓은 채 방송하기 때문에 그의 라디오 프로그램은 TV 프로그램이기도 하다. 나는 라디오와 TV 진행자가 거의 같은 직업이라고 생각했다. 어차피 양쪽 모두 말을 하는 것이고 다른 점은 녹음 장비 외에 카메라를 한 대 더 놓은 것뿐이니 말이다.

"TV 프로그램을 진행하는 것도 말하는 거잖아. 라디오와 다를 게 뭐야?"

그래서 위성 TV 방송국으로부터 생방송 시사 대담 프로그램을 진행해보겠느냐는 제안을 받았을 때 잠깐 망설이다가 흔쾌히 받아들였다.

그것이 얼마나 천진난만한 생각이었는지 깨달은 건 첫 방송 직전 카메라 앞에 섰을 때였다. 라디오와 TV 모두 '마이크 앞에서 생방송으로 말을 한다'는 사실만 같을 뿐 그 외에는 공통점이 하나도 없었다.

처음 며칠은 일을 마치면 머릿속이 하얘지고 아무 생각도 나지 않아 방송국 앞에서 택시를 잡아타고 곧바로 집에 왔다. 집에 와서도 문을 닫아걸고 휴대전화도 꺼놓은 채 누구와도 말을 하지 않았다. 내가 진행한 프로그램의 재방송이 나올까 봐 TV도 잘 켜지 않았다. 심지어 한 시간 남짓 되는 시간 동안 무슨 일이 일어났는지, 내가 무슨 말을 했는지도 까맣게 잊어버렸다.

한껏 기대를 안고 시청하던 가족과 친구들이 화면 속 나를 보고 실망했지만 차마 솔직하게 말해주지 못하는 건 아닐까? 나는 자신감을 잃고 자기 부정과 자기 회의의 뫼비우스 띠 속을 맴돌았다.

하지만 방송국과 계약을 맺었으니 용감하게 헤쳐 나갈 수밖에 없었다. 첫 방송이 나간 주에 마침 새 책 홍보 때문에 출판사의 주선으로 연예 프로그램에 출연하게 되었다. 신인이지만 큰 인기를 얻으며 스타가 된 쩡궈청(曾國城)이 진행하는 프로그램이었다.

방송은 중간에 한 번 쉬고 두 부분으로 나누어 녹화를 했다. 그런데 쉬는 시간에 쩡궈청이 카메라 앞에서 보았던 환하게 미소 띤 얼굴과는 완전히 다른 엄숙한 표정으로 방금 전 녹화분을 모니터링하고 있는 모습을 보았다. 화면 속에 나오는 자신을 손짓 하나도 놓치지 않겠다는 듯 집중해서 보고 있었다.

'저 사람, 나르시시즘이 너무 심하잖아.'

속으로는 이렇게 생각했지만 그에게 이렇게 말했다.

"와! 대단하네요. 나는 화면 속 나를 보면 죽을 만큼 괴로운데."

그런데 그가 진지한 표정으로 뜻밖의 대답을 했다.

"나도 그래요. 하지만 매일 방송을 마치고 집에 가서 재방송을 봐요. 자꾸만 봐야 발전이 있으니까."

그제야 내가 오해했다는 걸 알았다. 쩡궈청은 나보다 나이가 몇 살 많고 방송 진행에서도 나보다 선배였다. 비록 내가 나오는 TV 화면을 볼 용기가 없는 건 여전했지만 그가 가볍게 했던 그 말이 잊히지 않고 계속 머릿속에 남았다.

자신의 말하는 모습을 관찰하라

첫째 주 방송을 그렇게 도망치듯 회피해버린 뒤 다음 주 방송부터 용기를 내보기로 했다. 한밤중에 집 안의 모든 불을 꺼놓고 깜깜한 어둠 뒤에 숨어 화면 속 나를 보았다.

"아니! 내 얼굴이 왜 저래?"

나름대로 게스트의 말을 경청하는 표정을 지었다고 생각했지만 화면 속 나는 배탈이 나서 화장실이 급한 사람처럼 미간을 잔뜩 찡그리고 있었다.

"맙소사! 내가 왜 저런 말을 했지?"

"악! 저런 걸 유머라고 생각했던 거야? 게스트의 말을 계속 끊고 있잖아!"

"시청자 전화에서 시청자가 쓸데없는 소리만 계속하는데 왜 끊지 않은 거야?"

"방송 중에 왜 볼펜을 돌려? 게다가 테이블 밑으로 떨어뜨렸잖아!"

TV 화면 속 나를 보는 일은 상당히 고통스러운 경험이었다. 내 장점이라고 생각했던 것들이 사실은 모두 결점이고, 작은 결점이라고 생각했던 것들은 아주 큰 문제였기 때문이다. 렌즈의 확대 효과 때문에 아주 마른 사람이 아니라면 엄청나게 뚱뚱해 보인다는 것도 그때 처음 알았다. 게다가 뚱뚱하고 마르고는 둘째 치고 내 얼굴이 정말 이상하게 보였다!

"아아아! 죽고 싶어!"

억지로 꾹꾹 참으며 끝까지 보고 난 뒤 TV를 끄자마자 침대로 달려가 이불을 머리끝까지 뒤집어썼다.

"인생이 나락으로 떨어진다는 게 이런 기분이었어!"

시간이 천천히 흐르고 셋째 주가 되자 그때부터는 타인의 시선으로 화면 속 나를 보기 시작했다. 화면 속 나를 더 이상 나로 생각하지 않고 나와 닮은 타인, 그저 TV에 나오는 진행자로 보기 시작한 것이다. 그러면서 그가 잘하고 못한 것을 유심히 관찰하기 시작했다.

그렇게 해서 첫 시즌이 거의 끝날 무렵에는 길에서 사람들이 나를 알아볼 때 느끼는 어색함도 점점 익숙해지고 방송이 끝난 뒤 자괴감에 시달리는 일도 사라졌다. 방송이 끝나면 마치 야간대학의 수업을 듣고 온 것처럼 홀가분한 기분으로 자전거를 타고 집에 돌아갔다.

하지만 매니저가 두 번째 시즌 계약서를 들고 와 서명하라고 했을 때 나는 처음과 달리 한참 망설이다가 거절했다. 카메라 앞에서 스포트라이트를 받는 것이 매력적인 일이긴 했지만 카메라 앞에 있는 내가 나 자신이 아니라는 걸 석 달 동안 분명히 알았기 때문이다.

내 방송 실력이 일취월장해 많은 칭찬이 쏟아지고, 적절한 타이밍에 불이 켜진 카메라를 찾아내 정확히 응시하는 집중도 높은 진행이 호평을 받아 여러 방송국에서 섭외 요청이 쇄도했다. 직접 곳곳을 돌아다니며 여행지를 소개하는 여행 프로그램부터 율동과 노래를 해야 하는 어린이 프로그램까지 아주 다양했다. 그러나 카메라 앞에 서기 위해 날마다 머리를 말끔히 빗고 화장을 하고, 빌려 온 명품 의상을 조심스럽게 입어야 하며, 길에서 나를 알아보는 사람들과 수시로 마주치며 산다면 진정으로 나 자신의 인생을 살 수 없을 것 같았다.

하지만 생방송 대담 프로그램을 진행했던 그때의 경험을 매우 소중하게 생각한다. '말하기'에 대한 완전히 새로운 경험을 할 수 있었고, 그때 배운 것들을 유용하게 사용하며 하루하루를 살고 있다.

아름다운 사람이 아니라 매력 있는 사람이 돼라

외모도 목소리처럼 말을 전하는 매개일 뿐, 진정으로 중요한 것은 말의 내용이다. 근사한 접시에 예쁘게 담긴 음식은 테이블에 올라오는 순간 모든 사람의 눈길을 끌고 기대를 한 몸에 받을 수 있다. 그런데 보기에 근사한 음식은 사람들이 앞다투어 사진을 찍고 찬사를 보내기는 하겠지만 정말 중요한 것은 음식의 맛이다. 맛없는 음식은 아무리 멋진 접시에 예쁘게 담아내도 손님이 다시 오게 만들 수 없다. 사람들은 식당에 맛있는 음식을 먹으러 오는 것이지 멋진 예술품을 보러 오는 것이 아니다. 시각적으로 훌륭하다면 첫 시작이 좋다고는 할 수 있지만 최종적인 결과를 결정짓는 것은 아니다.

믿지 못하겠다면 외모는 훌륭하지만 가창력이 변변치 못한 가수 지망생들을 생각해보라. 아무리 외모와 댄스 실력이 출중하고 무대 효과와 녹음 기술이 화려해도 가창력이 없으면 가수로 성공할 수 없다. 가수에게 가창력은 기본적인 요건이기 때문이다.

그러므로 TV 진행자가 왼쪽 얼굴이 더 잘생겨 보이는지, 오른쪽 얼굴이 더 잘생겨 보이는지, 웃을 때 치아를 얼마나 드러내야 하는지, 자기 목소리가 듣기 좋은지 나쁜지에만 신경 쓰고 말하는 내용을 충실하게 하지 않는다면 그는 좋은 진행자라고 할 수 없다. 이 사실을 깨달은 뒤에는 카메라 앞에 설 때마다 심호흡을 하며 속으로 이렇게 생각했다.

'내가 화면에 어떻게 보이는지는 생각하지 말자!'

나는 외모보다 더 중요하고 커다란 문제점을 발견했다. 말할 때 상대를 응시하지 않고 시선을 다른 곳에 두는 버릇이었다. 나는 그 이유가 무엇인지 알고 있었다. 수줍음 많은 성격 때문에 나는 대화를 나눌 때 상대의 눈을 바라보지 못하고 상대와 눈이 마주치는 것도 두려워했다. 그래서 내 시선은 늘 상대의 어깨 너머 머나먼 곳에 있는 지평선 끝을 향했다. 상대를 보고 있는 척했지만 사실 보고 있지 않았다.

대화를 나눌 때뿐 아니라 평소에 길을 걸을 때도 내 시선은 무한대로 먼 곳을 향하고 있기 때문에 가끔 길에서 마주친 친구를 보지 못하고 지나쳐 거만하다는 오해를 받기도 한다. 거만하다고 나를 비난하는 사람들은 사실 그와 정반대라는 것을 모르고 있다.

나는 내가 지독하게 내성적인 성격을 잘 감추고 있다고 생각했다. 지금까지 나의 이런 성격을 눈치챈 사람이 없었다(어쩌면 내 눈에 문제가 있다고 생각했는지도 모르겠다). 하지만 카메라 앞에서는 나의 그런 모습이 아주 훤히 드러났다.

사람들이 '카메라를 보라'고 말하는 건 카메라를 살아 있는 사람이라고 생각하고 똑바로 응시하라는 뜻이다. 그러지 않으면 산만하게 흔들리는 눈동자를 감출 수가 없다.

그때의 경험을 통해 자기 외모에 무심한 사람이 외모에 집착하는 사람보다 훨씬 매력 있다는 사실을 알았다. 말을 할 때는 아름다운 사람보다 매력적인 사람이 되어야 한다. 이것은 TV 프로그램을 진행한 경험을 통해 내가 배운 가장 중요한 사실이다.

비결은 단 하나, 책을 많이 읽는 것

진행자는 방송이 시작되기 전 미리 쓴 원고를 받는다. 비교적 자세한 원고는 '대본'이라고 부르고 대략적인 원고는 '순서표(rundown)'라고 부른다. 대부분은 작가가 그날 방송의 주제에 따라 자료를 수집하거나 그날 출연하는 게스트나 전문가들과 간단히 대화를 나눈 뒤 자신의 생각을 덧붙여 자신이 이해할 수 있는 맥락에 따라 원고를 쓴 다음 연극 대본처럼 모든 스태프와 출연자에게 나누어준다.

그런데 TV 진행자들 중 대다수가 직접 공부하지 않고 헤어 스타일링이나 메이크업을 하는 시간을 이용해 원고를 훑어보거나 대본을 외운 뒤 나머지는 순발력에 의지해 임기응변으로 대처한다.

하지만 이런 진행자들은 아주 중요한 사실을 간과하고 있다. 대본 쓰는 일은 보통 나이가 어린 신입 작가들이 맡는다는 사실이다. 신입 작가들은 대부분 대학을 졸업하고 갓 입사해 사회 경험이 많지 않고 낮은 연봉에 많은 업무를 맡고 있다. 대본 쓰기 외에도 도시락 주문, 출연자 매니저와의 연락 등 잡다한 일을 도맡아 하고 가끔은 녹화 전날 밤 급하게 필요한 소품 제작까지 할 때도 있다. 또 작은 문제라도 생기면 이곳저곳에서 제일 먼저 질책과 원망을 받는 것도 그들이다. 그런데도 진행자가 대본 하나만 가지고 방송 내용을 다 파악했다고 자신한다면 진행자의 자격이 없는 것이다.

아무리 잘 쓴 대본도 방송 주제에 대한 남의 생각과 논리이고 남의 인생 경험과 가치관에서 나온 의견이므로 진행자 자신의 관점을 대신할 수는 없다. 자기 주관이라고는 하나도 없는 진행자가 아니라면 말이다.

물론 진행자에게 아무런 주관도 없다면 길게 말할 필요도 없다. 그의 역할은 게스트들에게 누가 언제 얼마나 길게 발언할 것인지 순서를 정해주는 일이 전부다. 시청자들이 주제에 대해 더 깊고 넓게 생각하고 새로운 시각을 얻을 수 있도록 유도하려면 진행자 스스로 문제를 바라보는 시각을 길러야 한다. 그리고 카메라 앞에서 '말하는' 방식을 통해 시청자들의 생각을 유도하는 연습을 끊임없이 해야 한다.

　말을 잘하는 진행자가 되는 것은 어렵다면 어렵고 쉽다면 쉬운 일이며, 여기에는 오직 한 가지 비결밖에 없다. 바로 책을 많이 읽는 것이다. 말을 잘하는 진행자는 준비가 전혀 필요 없는 것처럼 보이지만 사실 언제나 준비를 하고 있는 것이다.

　시간이 흐르면서 반드시 TV 진행자가 아니라도 일상생활에서 가족, 친구, 동료 등과 대화할 때 공식적, 비공식적으로 진행자와 유도자의 역할을 하는 것이 중요하다는 사실을 알았다. 평소에 책을 많이 읽고 다양한 관점에서 세계를 바라보는 능력을 갖추어야 한다. 또한 말을 해야 할 때와 멈추어야 할 때, 조용히 상대의 이야기를 들어야 할 때를 아는 것도 아주 중요한 '말하기' 능력이다.

타인의 존재를 인식하고 존중한다

진행자를 프로그램의 영혼이라고 생각하는 사람이 많다. 하지만 나는 진행자가 자동차 운전수라고 생각한다. 물론 운전수의 역할은 중요하다. 하지만 운전을 할 줄 아는 사람이 많아서 언제든 교체당할 수 있으므로 자동차의 일부분이라고 할 수는 없다. 사람에 맞추어 제작된 F1 경주용 자동차가 아니라면 말이다.

TV 프로그램을 수많은 부품으로 이루어진 자동차에 비유할 수 있다. 제작자는 대부분 방송국 사장이 맡고 있지만 그들은 실제로 하는 일이 없다. 실제로 일을 하는 건 수많은 스태프들이다. 책임 프로듀서, 연출, 기획, 조연출, 편집 등 수많은 사람이 유기적으로 함께 프로그램을 만든다. 방송 스태프들은 업무량이 많고 시청률에 대한 부담도 크다. 반면 진행자는 이 자동차의 운전수다. 자동차가 항상 윤기 나게 닦여 있고 기름도 꽉 채워져 있으므로 운전수는 근사하게 차려입고 운전석에 올라탄 뒤 시동을 켜고 출발하기만 하면 된다. 그러면 모든 사람의 시선이 운전수에게 쏠린다. 다 차려놓은 밥상에 숟가락만 얹을 뿐인데 말이다.

진행자가 중요하다는 말은 겉으로만 보고 하는 얘기다. 진행자는 보잘것없는 자기 위치를 알아야 한다. 다시 말해 자신이 표지에 이름은 올리지만 책 한 권을 오롯이 내지 못하고 그중 아주 짧은 챕터 하나밖에 쓰지 못하는 작가라는 사실을 알아야 한다. 그렇지 않고 자신이 대단한 사람이고 자기 생각과 의견이 제일 중요하다고 여긴다면 그것은 망상이다.

'사람과 자동차가 하나가 되려면' 모든 참여자의 많은 노력과 신뢰, 겸손함이 필요하다. 진행자 한 사람의 세 치 혀만으로 프로그램을 성공시키는 것은 불가능하다.

진행자가 말을 할 때는 자신이 프로그램에서 하는 모든 말이 자기만을 대변하는 것이 아니라 방송국 경영진, 연출, 기획, 촬영팀, 도구팀, 분장팀 등 수많은 스태프를 대변하고 있다는 점을 알아야 한다. 그들에게는 말할 기회가 없고 오직 진행자에게만 말할 기회가 있기 때문이다.

진행자가 여러 가지 관점에서 문제를 바라보고 얘기했는가? 모든 현장의 스태프들이 알아들을 수 있고, 그들이 자기 인생 중 하루를 이곳에 쓰는 것이 가치 있다고 느낄 수 있는 말인가? 아니면 알량한 월급 몇 푼을 벌기 위해 하루를 낭비했다고 느끼게 하는 말인가?

'내가 이 말을 하면 방금 전 내게 물을 따라주고 지금 카메라 옆에서 스케치북을 들고 있는 저 젊은이가 어떻게 생각할까?'

TV 프로그램을 진행하는 동안 시시각각 이런 생각을 하며 겸손해지려고 노력했다. 타인의 존재를 인식하고 존중하고 자신을 낮추어야 한다는 것이 내가 TV 프로그램 진행을 통해 배운 말하기 노하우다.

난 특별한 사람이 아니다! '관종병'을 고치라

TV 진행자가 무대 밑으로 내려오면 그는 순식간에 '유명 인사'가 된다. 그의 이미지가 실제 모습과 일치하든 말든 대중의 관심은 진행자에게 쏠릴 수밖에 없다.

유명세를 얻고 나면 거만해지는 사람이 많다. 라디오 진행자 출신의 한 유명 MC가 울상을 지으며 자신이 예전처럼 해외 배낭여행을 다닐 수 없다고 하소연한 적이 있다. 내가 이상하다는 표정으로 그에게 반문했다.

"왜요?"

"난 스타잖아요. 외출할 때도 버스나 지하철을 탈 수가 없는데 어떻게 이코노미석을 타고 다니며 유스호스텔에서 묵겠어요? 그러다가 나를 알아보는 사람이라도 만나면 무슨 망신이에요?"

"네? 그게 왜 망신이에요? 나쁜 짓을 한 것도 아닌데!"

"내가 한물가서 돈이 없어서 그런다고 생각할 거 아니에요?"

그 순간 나는 어떻게 대답해야 할지 몰라 입을 꾹 다물 수밖에 없었다.

그의 말 때문에 '평범한 사람'으로 살겠다는 나의 결심이 더욱 확고해졌다. TV 진행자가 된 뒤에도 나는 계속 버스와 지하철을 타고 이코노미석을 탔으며, 실족할 위험을 무릅쓰고 야심한 밤에 선글라스를 끼고 다니는 일 같은 건 절대로 하지 않았다. 나는 한낱 TV 프로그램 진행자이자 작가일 뿐이니까 말이다. 설령 노벨상 수상자나 한 나라의 대통령이라도 자신이 평범한 사람이라는 점을 잊어서는 안 된다. 그걸 잊는다면 그가 하는 말이 사람들에게 공감을 얻을 수 없다.

교통체증이 심한 길에서 고위급 인사를 태운 차량이 경호 차량의 호위 속에 사이렌을 울리며 지나갈 때마다 정말 영광스럽기 그지없다. 하지만 세계 모든 지도자가 그러는 것은 아니다. 덴마크, 핀란드, 스웨덴 대통령은 자전거를 타거나 직접 차를 운전해 출퇴근한다. 일개 TV 프로그램 진행자인 내가 자전거를 타고 출퇴근하지 못할 이유가 없지 않은가? 내가 하는 말이 모두 옳을 수도 없고, 모든 사람에게 전적으로 공감을 얻을 수도 없다. 하지만 현실과 괴리감이 없고 반드시 현실과 단단히 결부되어 있어야 한다는 것이 내가 TV 프로그램을 진행한 경험을 통해 배운 또 하나의 말하기 노하우다.

또 이 교훈은 그 후에도 두고두고 내 인생에 큰 도움을 주었다. 무슨 일이 있어도 나는 특별한 사람이 아니라 평범한 사람이라는 사실을 잊지 않을 것이다. 유명해지는 것은 나 스스로 선택할 수 없지만, 이것은 나 스스로 선택할 수 있는 일이다.

완벽해질 수 없음을 알고 완벽해지려고 노력한다

나는 태생적인 완벽주의자이지만 완벽함과는 10만 8,000리만큼이나 거리가 멀다. 그래서 어릴 적 미술 과제를 제출하기 전날이 되면 밤을 새워 그림을 그리거나 점토를 주물럭거리며 조소를 만들었다. 아주 간단한 숙제인데도 눈물 콧물을 흘려가며 밤을 꼬박 새워 고치고 또 고쳤지만 한 번도 내가 만족할 만한 완벽한 작품은 탄생시키지 못했다.

지금 생각해보면 정말 우습다. 그때 나는 걸작 미술품을 본 적도 없고 걸작이 무엇인지도 몰랐는데 어떻게 걸작을 만들 수 있었겠는가? 설사 만들어냈다고 해도 나는 그게 걸작인지조차 몰랐을 것이다.

하지만 카메라 앞에 서서 생방송을 진행할 때는 마음에 들지 않는다고 처음부터 다시 찍을 수가 없었다. 내 안에 있는 완벽주의자의 영혼이 커다란 좌절에 부딪혔다. 무슨 말을 하든 곧바로 방송으로 송출되어 주워 담을 수가 없고, 다 못한 말이 있어도 나중에 보충할 수가 없었다.

모든 것이 '바로 지금' 결정되었다. 바로 지금 눈에 보이고 귀에 들리는 것만 진짜이고 나머지는 모두 가짜였다.

내 앞에는 단 두 가지 선택지뿐이었다. 완벽하지 못한 현실을 받아들이느냐, 아니면 현실을 거부하고 나는 완벽하다는 환상 속에서 사느냐. 다른 선택의 여지는 없었다.

TV 진행을 시작한 첫째 주까지만 해도 나는 미술 과제 때문에 발을 동동거리는 아이였다. 현실을 거부하고 내일은 완벽해져서 오늘 저지른 모든 실수를 다시 저지르지 않을 거라는 환상 속에 자신을 가둔 아이였다. 하지만 다음 날이 되면 나는 또 같은 실수를 저질렀고 거기에 새로운 실수까지 더해졌다.

"어떻게 해야 하지?"

나는 우선 현실을 받아들이는 것부터 시작했다.

'현실을 받아들인다'는 것은 "현실은 어차피 이런 거야, 됐어!"라고 체념하는 것이 아니라 내가 바꿔야 하는 것과 바꿀 수 있는 것이 무엇인지 알고, 바꿀 수 없는 것 때문에 노심초사하지 않는다는 뜻이다.

예를 들면 말을 더 잘할 수는 있지만 말을 더 잘한다고 해서 타인의 생각을 바꿀 수 있는 것은 아니다. 하지만 남의 생각을 바꿀 수 없더라도 완벽한 말을 하기 위해 더 노력해야 하지 않을까?

물론 그렇다. 내가 말을 하는 것이 남을 설득하기 위해서만은 아니었기 때문이다. 내 가치를 지키기 위해 말해야 하고, 또 스튜디오에서 내게 물을 가져다주고 마이크를 달아주는 젊은이를 위해, 연출, 기획, 조연출, 촬영팀, 소품팀, 분장팀을 위해서도 말해야 했다.

영원히 완벽해질 수 없음을 아는 것과 완벽해지겠다는 목표를 향해 매진하는 것. 이 두 가지는 완전히 다른 별개의 일이다. 완벽해질 수 없음을 안다고 해서 완벽해지겠다는 목표마저 버릴 수는 없다.

자기 인생의 훌륭한 진행자가 돼라

TV 프로그램 진행을 시작할 때 프로듀서가 내게 신신당부한 것이 있었다.

"특정 상품의 명칭을 언급하면 안 돼요. 광고로 오해받아 국가통신전파위원회로부터 벌금을 부과받을 수 있어요."

그 전까지 나는 광고 문제에 대해 생각해본 적이 없었다. 라디오를 진행할 때 연예인들이 출연해 새 음반을 홍보하거나 작가가 신간 홍보를 위해 출연하는 일이 많았기 때문이다. 그때 내가 신간을 냈다면 나도 물론 TV와 라디오에서 책 출간 소식을 전했을 것이다. '광고'란 남들에게 그들이 모르고 있는 일을 알리는 것인데 그게 왜 나쁜 일일까? 하지만 TV는 라디오에 비해 광고를 엄격하게 제한하고 있었다. 특히 내용을 편집할 수 없는 생방송이기 때문에 제작진이 더욱 조심스러울 수밖에 없었다.

무슨 말을 하든 새로 나온 콜라나 신간 서적에 관한 얘기가 섞여 있는지, 그것이 특정 상품의 광고로 해석될 수 있는지 신중하게 생각한 뒤에 말해야 한다면 어떻게 마음 놓고 말을 할 수 있을까? 게다가 제작진이 걱정하는 것은 진정한 '상품'이 아니었다. 실체가 있는 상품이라면 쉽게 걸러낼 수 있다. 하지만 그들이 걱정하는 건 이념적인 상품이었다. 내가 진행하는 프로그램이 시사 대담 프로그램이었기 때문에 내가 아니라 게스트나 시청자 참여 코너에 전화를 건 시청자가 정당이나 정부, 정치인에게 돈을 받고 그들의 정치 활동을 홍보해도 법에 걸릴 수 있었다. 그건 가수의 새 음반 홍보와는 비교도 할 수 없을 만큼 복잡한 일이었다.

이런 자기 제약이 막중한 심리적 부담감이 되어 나를 짓눌렀고, 자유롭게 말하고 프로그램을 원활하게 진행하는 데도 걸림

돌이 되었다. 특정 입장과 관련될 수밖에 없는 발언이라면 말하지 못하도록 억지로 막아야 하는데, 이 점이 나와 게스트의 진지한 대화를 가로막고 진정한 생각을 마음껏 표출할 수 없도록 막는 장애물이 될 수 있었다.

내가 찾은 해결 방법은 진행자가 충분한 판단력과 임기응변 능력을 갖추는 것이었다. 뛰어난 판단력으로 가장 정확한 판단을 내리는 것이 바로 임기응변 능력이다. 예를 들어 한마디 유머로 어색한 순간을 부드럽게 넘길 수 있다면 이것이 바로 진행자가 반드시 갖추어야 하는 순발력과 임기응변 능력이다.

어차피 우리가 모두 상품인데 굳이 거짓으로 꾸며야 할까? 나는 광고를 호환, 마마로 보는 것은 시대착오적이고 시대를 거스르는 관념이라고 생각했다.

나 역시 진행자라는 일종의 상품이다. 내가 진행하는 프로그램도 역시 상품이다. 내가 일하는 방송국도 정당이 영향력을 발휘하기 위해 출자해서 만든 상품이 아닌가? 그렇다면 내가 프로그램에서 하는 말과 초대 게스트, 토론의 주제가 모두 이 방송국 출자자들의 이데올로기가 아니겠는가?

많은 사람들이 이 질문에 "예스(yes)"라고 대답하겠지만 내가 생각하는 대답은 "노(no)"다.

너무 많은 것을 고려하고 남들의 기대에 맞추어 자신을 제한하기보다 족쇄를 풀고 판단력과 임기응변 능력을 무기로 돌발 상황에 대처한다면 언제 어디서든 나타날 수 있는 불가항력적 요인에 차분히 대응할 수 있을 것이다. 갑작스러운 사건과 맞닥뜨렸을 때 진행자가 냉정한 이성과 빠른 반응 능력으로 대처하고 즉시 상황을 통제한다면 그것이야말로 진행자의 진정한 가치일 것이다.

판단력은 평상시 생활과 일 속에서 오랫동안 축적된 풍부한 지식에서 나온다. "아는 것이 힘이다"라는 철학자 베이컨의 말처럼 평소에 쌓은 지식의 힘이야말로 진행자가 모든 주제와 게스트, 관객 앞에서 당당하고 여유로울 수 있는 힘이다.

임기응변 능력은 프로그램을 진행하면서 끊임없이 실천하고 경험을 쌓아 자신의 능력으로 승화시켜야 한다. 어떤 돌발 상황이 일어나더라도 그건 불행한 일이 아니라 소중한 학습 기회다. 진행자가 그 기회를 어떻게 붙잡느냐가 중요하다. 이 점을 깨닫고 나자 예기치 못한 상황에 대한 두려움이 사라지고 오히려 돌발 상황을 좋아하는 진행자가 되었다.

시사 대담 프로그램을 짧게 진행했을 뿐이지만 그 경험을 통해 나 자신에 대해 더 잘 알게 되었고, 내가 스포트라이트 아래에서 사는 걸 원치 않는다는 것도 알게 되었다. 또한 말하기에 관한 소중한 노하우를 배웠고 매일매일 그 능력을 유용하게 사용하며 살고 있다.

비록 지금은 TV 프로그램을 진행하지 않지만 내 인생의 진행자가 될 수는 있다. 우리가 살고 있는 하루하루가 바로 다시 찍을 수 없는 생방송이다.

5장

자기 생각을
정확히 표현한다
—강연으로 배우는 말하기

KEYWORD

강연은 단편소설과
같아서 첫 마디가
중요하다.

강연에서 가장 중요한 건
'자신이 무슨 말을 하고
있는지' 아는 것이다.

남들이 무엇을
듣고 있는지
알아야 한다.

청중들이 강연을 들으러
온 목적이 무엇인지 알아야 한다.

모든 강연을 '일기일회'의
깨달음으로 삼아라.

강연은 자신을 뽐내기
위한 퍼포먼스가 아니라
마음속 생각을 솔직히 털
어놓기 위한 것이다.

강연할 때 PPT가 꼭 필요하다?

얼마 전 한 편집자 친구가 대만의 훌륭한 '노동자 작가'인 린리칭 (林立靑)을 섭외해 1분짜리 홍보 영상을 찍을 때 있었던 일을 얘기해주었다. 준비할 시간도 없이 곧바로 촬영에 들어갔는데도 린리칭이 한 번 만에 NG 없이 촬영을 마쳤다는 것이었다. 그 편집자는 무척 놀라운 경험이었다면서 린리칭을 칭찬했다.

"그가 그렇게 말을 잘하는 걸 처음 알았어요!"

나는 그 얘기를 듣고 예전에 있었던 한 일화를 떠올렸다.

린리칭의 첫 책《노동하는 사람》이 출간 한 달 만에 큰 반향을 일으키며 베스트셀러가 된 뒤 그에게 강연 요청이 끊이지 않았다. 강연 경험이 한 번도 없었던 그가 사석에서 우연히 만난 내게 강연을 어떻게 해야 하는지 조언을 청했다.

"강연을 어떻게 준비해야……."

그의 말이 끝나기도 전에 내가 말허리를 끊으며 말했다.

"강연을 잘하는 방법은 딱 한 가지뿐이에요. 절대로 PPT를 사용하지 않는 것."

그때 그가 내게 질문하려던 말이 "강연을 어떻게 준비해야 할까요? PPT 말이에요"였다는 걸 시간이 한참 흐른 뒤에야 알았다.

그는 나중에 그때를 회상하며 자신의 페이스북에 내가 했던 얘기를 이렇게 썼다.

PPT를 사용하면 강연자는 게을러지고 청중들은 강연자가 준비한 자료를 그대로 읽기만 한다고 생각해요. 처음에는 PPT가 유용한 것 같지만 점점 PPT에 의지하게 돼요. 강연자와 청중 둘 다. 그러면 결국 PPT가 주인공이 되어버리죠. 청중들의 시선이 PPT로 집중되고 강연자 자신조차 자기가 주인공이란 걸 잊어버려요.

처음부터 끝까지 PPT를 이용하지 않으면 청중들의 반응에 집중할 수 있고 그들이 진정으로 듣고 싶어 하는 얘기가 무엇인지 알 수 있죠. 또 강연자의 눈빛으로 청중들에게 강한 인상을 남길 수도 있어요. 눈빛은 강연자의 가장 큰 무기예요. 그래서 훌륭한 강연자는 PPT를 이용하지 않아요. 무슨 얘기를 하려고 했는지 잊어버릴까 봐 걱정할 필요는 없어요. 정말 하고 싶은 말이라면 잊어버리지 않을 것이고, 만약 잊어버렸다면 그건 중요한 말이 아닌 거예요.

청중이 무슨 얘기를 듣고 싶어 하는지 모르겠다고요? 그럼 청중이 질문하게 하고 자세히 들어보세요.

린리칭은 그때 내가 한 대답이 곧 강연이었다고 했다. 말하면서 계속 그에게 음식을 집어주었고, 말의 속도가 적당하고 적절한 부분에서 끊어 말했으며, 가끔은 자리에서 일어나 몸짓을 동원해가며 말하기도 했다는 것이다. 그는 그때 나의 매력과 언변에 깊은 인상을 받았다고 한다. 그 후 린리칭은 강연이든 좌담회든 토론이든 어딜 가든 PPT를 이용하지 않았고 경험이 쌓이면서 자기만의 강연 노하우를 터득하게 되었다. 그는 이렇게 말했다.

햇볕에 화상 입은 피부를 보고 싶어 한다면? 옷을 벗어서 보여준다.

사마귀를 보고 싶어 한다면? 직접 내 목을 만져보게 한다.

공사장에서 어떤 옷차림으로 일하는지 궁금해한다면? 늘 입고 다니는 옷과 똑같다고 말한다.

바지에 주머니가 왜 이렇게 많이 달렸느냐고 물으면? 내가 쓰는 공구가 얼마나 많은지 공구 상자를 열어서 보여준다.

내가 항상 가지고 다니는 웨이스트백 안에 뭐가 들어 있느냐고 물으면? 그 자리에서 열어서 보여준다.

추스잉 형님에게 '현장 노하우'를 전수받은 뒤 나는 일일이 PPT에 사진을 첨부하고 글로 설명하는 수고를 덜 수 있었다. 이 방법에는 또 다른 장점이 있었다. 내 강연장에는 컴퓨터를 연결할 필요도 없고 스크린을 설치할 필요도 없으며 USB를 꽂았는데 프로그램 문제로 제대로 구동이 되지 않을까 봐 걱정할 필요도 없다. 물론 제일 중요한 건 내가 처음부터 추스잉 형님의 PPT 없는 강연 방식을 배운 덕분에 PPT 실력이 형편없다는 지적을 받지 않을 수 있었다는 점이다.

이것은 짧은 강연 시간 동안 자신의 가장 진실하고 따뜻한 면을 보여줄 수 있는 방법이며 아무리 훌륭한 PPT로도 대체할 수 없는 것이다.

사실 내가 '선배'로서 린리칭에게 가르쳐준 이 유일한 노하우는 내성적인 내가 강연회에서 막힘없이 얘기할 수 있는 유일한 방법이기도 하다. 이 방법이 있었기 때문에 매년 2주씩 네 번

밖에 대만에 가지 않는 내가 그 60일 동안 NGO 일 외에도 많을 때는 하루에 두 번, 1년에 평균 100번의 강연을 할 수 있었다.

또 강연의 청중들이 대만 공무원부터 해외 각국에서 온 청년 외교관까지 다양하고, 강연 장소도 도서관에서 일본 신흥종교의 절까지 여러 곳이며, 강연 내용도 수많은 분야에 걸쳐 있다. 강연 주제와 청중, 객관적인 환경, 사회적 분위기가 모두 다양하기 때문에 나도 강연을 통해 다양한 인생 경험을 쌓을 수 있다. 나는 오랫동안 매년 100회씩 강연을 했지만 똑같은 내용의 강연은 한 번도 없었다. 이건 내가 달변의 연설가이기 때문이 아니라 한 번도 강연을 '일'이라고 생각한 적이 없기 때문이다. 나는 그저 수줍음 많은 나 자신의 모습으로 연단에 올라가 있는 그대로 활짝 열어 보여주고 나만의 독특한 경험을 공유했다.

나는 연단 위에서 강연하는 것만이 아니라 연단 아래에서 강연을 듣는 것도 좋아한다. 강연을 듣는 것이 시간 낭비라는 생각은 한 번도 해본 적이 없다. 좋은 강연을 듣는 것은 펜웨이 파크에 가서 보스턴 레드삭스와 뉴욕 양키스의 흥미진진한 경기를 보는 것만큼이나 가치 있고 재미있는 일이다. 기대에 미치지 못하는 강연이라도 강연할 때 어떤 실수를 저지르게 되는지 배우는 기회가 된다.

강연할 때 말하는 방법은 강연 자체뿐만 아니라 일상생활에서 자기 의견을 표현하고 자기 생각을 상대에게 정확히 전달하는 데도 큰 도움이 된다.

첫 순간에 관심을 집중시킨다

단편소설 창작부터 시작해 작가라는 이 험난한 길에 들어선 나는 이미 오래전에 소설 쓰기의 중요한 원칙을 발견했다. 바로 첫 번째 문장이 가장 중요하다는 점이다.

우리 생활에는 수많은 선택지가 있다. 꼭 소설을 읽어야 하는 것도 아니고 소설을 읽더라도 서가에 꽂혀 있는 수많은 소설 중 하나를 선택할 수 있다. 그렇다면 어떻게 해야 독자들이 내 소설을 읽게 만들 수 있을까? 첫 문장으로 흥미를 유발하는 것이 유일한 방법이다.

소설의 첫머리를 여는 방식은 여러 가지가 있지만 크게 두 가지로 정리할 수 있다. 첫째는 '모르는 것'으로 호기심을 자극하는 방법이다. 예를 들어 야구 경기에서 보스턴 레드삭스와 뉴욕 양키스 중 누가 이길지 알 수 없는 것과 같다. 둘째는 '아는 것'으로 기대감을 유발하는 방법이다. 마돈나의 콘서트에 가면 반드시 메들리를 들을 수 있는 것과 같다.

강연도 마찬가지다. 강연자가 청중의 특징을 정확히 파악해 호기심을 불러일으킬 것인지, 기대감을 유발할 것인지 결정해야 한다. 둘 중 어느 방식을 선택할 것인지는 그날 청중의 특징에 따라 달라진다. 나는 강연에 앞서서 청중의 특징을 파악하기 위해 제일 먼저 이런 질문을 던진다.

청중 가운데 청소년이나 청년이 많다면 이렇게 묻는다.

"저와 만난 적이 있는 사람 손 들어보세요."

청중의 연령대가 그보다 조금 높다면 이렇게 묻는다.

"제가 누군지 아시는 분 손 들어보세요."

청중이 모두 젊거나 학생이라면 이렇게 묻는다.

"어릴 적 국어 교과서에서 제 글을 읽어본 사람 손 들어보세요."

어떤 질문을 하든 손을 든 사람이 많다면 기대를 유발하는 방식이 적합하다. 그러면 나는 친한 친구에게 얘기하듯 강연을 이어간다. 이렇게 질문하면 손을 들지 않은 새 친구들과의 거리를 빠르게 좁힐 수 있다는 장점이 있다. 주위에 앉은 많은 사람들이 손을 든 것을 보고 그들이 품고 있던 '호기심'이 '기대감'으로 바뀌기 때문이다.

사람들은 보통 낯선 사물에 대해서는 경계하고 의심하지만, 익숙한 사물에 대해서는 경계심 없이 신뢰감을 갖는다. 그러므로 처음부터 경계심을 풀고 신뢰하는 분위기를 만들기 위해 이런 질문을 하는 것이다.

청중들을 둘러보고 나를 아는 사람이 별로 없을 것 같으면 이런 질문을 던지지 않는다. 하지만 잘못된 판단으로 질문을 던졌는데 손을 드는 사람이 거의 없다면 어떻게 해야 할까?

걱정할 필요 없다. 그럴 때는 공통의 경험을 만들면 된다. "오는 길에 차가 많이 막혔죠? 오시느라 수고하셨습니다!"라고 말할 수도 있고, 강연장으로 올라오는 엘리베이터에서 함께 탄 사람들이 나누는 대화를 들었다면 그 얘기를 해도 좋다. 어떤 얘기든 공통의 경험을 찾아내 청중들과 거리감을 좁히는 것이 중요하다.

일단 거리를 좁혔다면 곧바로 다시 거리를 띄운다. 나는 주로 내 일에 대해 얘기한다. 미얀마 내전이 벌어지고 있는 산지에서 현지의 반군과 무장부대에게 정부와 평화적으로 협상하는 법을 가르치는 NGO 활동가라고 나를 소개한다. 세상에 그런 일을 하는 사람이 있다는 걸 모르는 사람이 많기 때문에 원래 나에 대해 모르고 있던 사람들은 내게 호기심을 느끼게 된다.

우선 첫 단추를 잘 끼우고 나면 중간에 큰 실수만 저지르지 않는다면 성공적인 강연이 될 수 있다.

자기가 무슨 말을 하는지 알아야 한다

물론 강연을 할 때 PPT를 이용하면 좋은 점도 있다. 중요한 키워드가 어렵고 낯선 전문용어이거나 가령 천문학의 새로운 발견에 관한 강연이라면 말을 통해 그려내는 '소리의 풍경'만으로는 너무 막연해서 상상하기가 힘들다. 그럴 때는 PPT를 보조적으로 사용할 수 있다. 하지만 그런 경우가 아니라면 PPT를 많이 사용하는 것은 권하지 않는다.

강연의 시작과 동시에 PPT가 스크린에 등장하면 그 강연은 충분히 준비된 '퍼포먼스'로 변한다. 강연이 미리 준비되었다는 것은 청중이 언제 웃고, 언제 놀랄지도 사전에 계획되어 있다는 뜻이다. 특히 PPT의 페이지 수가 많고 촘촘하게 계획되어 있을수록 '설계되었다'는 느낌이 더 강해진다.

하지만 자신의 반응이 누군가에 의해 계획되었다는 사실을 달가워할 사람은 없다. 심하게 말하면 멍청한 꼭두각시가 된 기분이 들 수 있다.

어떤 내용이든 강연의 주제가 될 수 있다. 하지만 치매 환자에 대한 보살핌이든 이탈리아의 호화 리조트든 반드시 강연자가 아주 잘 알고 있는 분야여야 한다. 인터넷에서 대충 수집한 내용이나 주최 측에서 제공한 자료를 가지고 강연해서는 안 된다.

'내가 무슨 얘기를 하고 있는지 정말로 알고 있다'는 것을 보여주는 가장 좋은 증거가 바로 PPT 없이 얘기하는 것이고, 오로지 자기 얘기만으로 모든 청중의 머릿속에 확실한 그림을 그려주는 것이다.

"만약 내가 잘 모르는 내용이라면 어떻게 하죠?"

누군가 내게 이렇게 묻는다면 나는 아주 진지하게 대답할 것이다. 그렇다면 그건 당신이 얘기할 주제가 아니라고 말이다. 자신이 얘기하는 주제에 대해 폭넓고 깊이 있게 알아야만 자연스럽게 자신감이 우러나올 수 있고, 그래야만 언변이 유창하지 않더라도 듣는 사람이 그의 진심과 열정을 느낄 수 있다. 진심과 열정이 있다면 표현상의 부족함은 99퍼센트 상쇄될 것이다.

지금이 우리의 유일한 시간이다

나는 '일기일회(一期一會)'의 철학을 지키는 사람이기도 하다. '일기일회'란 사람과 사람의 모든 만남을 첫 만남이자 마지막 만남으로 생각하는 것이다. "오늘은 감기에 걸려서 컨디션이 좋지 않아 죄송합니다. 평상시에는 이렇지 않습니다"라는 말은 아무 소용도 없다. 이번이 우리 일생에서 유일한 만남일 가능성이 크기 때문이다. 오늘의 상황이 아무리 특별하더라도, 전날 밤 잠을 한숨도 자지 못했든, 꽃가루 알레르기가 심하든, 오는 길에 경찰에게 딱지를 떼여서 기분이 좋지 않든, 치통이 심하든 그 어떤 것도 자신의 가장 좋은 면을 보여주지 못하는 이유가 될 수 없다. 다음번은 존재하지 않는다는 것을 잊지 마라. 이번에 상대에게 주는 인상이 상대의 일생에서 나라는 사람에 대한 유일한 인상으로 남을 수 있다.

성우 일을 할 때 내가 제일 걱정하고 조심했던 것은 감기였다. 하지만 감기에 걸려도 일은 일이었다. 기침이 나고 콧소리가 나고 목이 쉬었어도 백화점 창립 기념 세일 광고를 녹음해야 했다. 그런데 놀라운 것은 나와 녹음 엔지니어 외에 그 누구도 내가 심한 감기에 걸렸다는 사실을 알아채지 못했다는 사실이다. 아마도 사람들은 내 목소리가 원래 허스키하다고 생각했던 것 같다.

'사람들이 내 목소리가 원래 그런 것으로 오해했을까?' 아마 그랬을 것이다.

'그건 내 원래 목소리가 아니라고 해명해야 할까?' 그럴 필요는 없다.

해명할 필요가 없는 이유는 세 가지다. 첫째, 내 목소리가 원래 그런 것으로 오해했더라도 나쁠 건 없다. 또 그들의 생각이 틀린 것도 아니다. 쉰 목소리도 어쨌든 내 목소리인 것은 틀림없다.

내가 생각하는 최상의 목소리보다 이런 목소리를 더 좋아하는 사람이 있을 수도 있다.

둘째, 굳이 해명할 필요가 없다. 내 쉰 목소리를 들은 사람들이 평생 나를 다시 만날 수 없다면 그들은 내 평상시 목소리를 알 필요가 없다.

셋째, 내가 해명한다면 '본말전도(本末顚倒)'라는 오류를 범하는 것일 수 있다. 사람들이 내 강연을 듣는 것은 내 목소리를 듣기 위해서가 아니라 강연 내용을 듣기 위해서다. 나는 오페라 가수가 아니므로 청중들은 내 목소리를 듣기 위해 온 것이 아니다. 그러므로 강연 내용에 관한 것이라면 사과해야겠지만 목소리에 대한 것이라면 사과할 필요가 없다.

이런 깨달음을 얻은 뒤 일기일회의 마음가짐을 갖게 되었다. 강연 장소의 시설이 좋지 않을 수도 있고, 마이크에 문제가 있을 수도 있고, 내 컨디션이 좋지 않을 수도 있고, 아니면 내 준비가 충분하지 못할 수도 있다(강연장에 도착한 뒤 내가 강연 주제를 잘못 알았다는 걸 깨달은 적도 한두 번이 아니다). 하지만 그럴 때마다 나는 생각한다. 어쨌든 지금이 우리의 유일한 시간이고, 이곳이 우리가 만난 유일한 장소라고 말이다. 그렇다면 나는 어떻게 나를 보여주어야 할까?

이런 생각을 하면 모든 것이 분명하고 단순해진다.

강연의 성패는 강연자의 책임이다

사람들이 왜 내 얘기를 들으러 왔는지 알아야 한다. 입장료가 아주 비싼 강연, 입장료가 저렴한 강연, 입장료를 받는 대신 그만큼의 무료 혜택을 주는 강연, 입장료는 받지 않지만 예약금을 받는 강연, 입장료는 받지 않지만 예약을 해야 하는 강연, 아무런 비용도 받지 않고 예약할 필요도 없는 강연 등 강연회에서 청중을 모으는 방법에 따라 청중들이 기대하는 수준도 다르다.

똑같은 첼리스트가 똑같은 곡을 연주하더라도 티켓이 비싸고 관객 수가 제한된 예술 공연장에서 들을 때와 길을 걷다가 거리의 예술가가 연주하는 것을 들을 때는 우리의 마음가짐과 기대감이 완전히 다르다. 전자의 경우 "이게 뭐야! 요요마가 이 정도밖에 못 해?"라고 투덜거릴 수 있지만, 후자의 경우 "이런 연주를 들을 수 있다니 정말 행운이야!"라고 생각할 수 있다.

강연도 마찬가지다. 청중들이 어떤 기대와 마음가짐을 가지고 왔는지 모르면 청중의 눈높이에 맞는 강연을 할 수 없다.

어떤 강연이든 '어쩔 수 없이' 참석한 청중들이 있기 마련이다. 회사에서 주최한 강연이라면 회사를 오래 다니고 싶은 직원은 어쩔 수 없이 참석해야 하고, 관심이 없는데도 남자 친구나 여자 친구의 손에 끌려온 사람도 있다. 강연을 듣고 감상문을 쓰면 수업을 들은 것으로 대체해준다는 학교 규정 때문에 온 학생도 있고, 서비스 교육, 공무원 연수, 교사 연수 등의 수업시수를 채우기 위해 출석 도장만 찍으려고 온 사람도 많다. 아니면 보험 회사나 마케팅 회사에서 잠재 고객을 유혹하기 위해 강연이라는 방식을 사용하기도 한다.

어쩔 수 없이 와 있는 청중들은 자꾸만 휴대전화를 만지작거리거나 잡담을 하거나 수시로 들락날락하며 강연 분위기를 산만하게 만들 수 있다. 그래서 나는 처음부터 이런 청중들의 관심을 유도한다.

제일 좋은 방법은 내가 그들의 존재를 알고 있고 그들의 상황을 이해한다는 사실을 알리는 것이다.

"저는 오늘 정말로 오고 싶어서 여기에 왔지만 여러분들 중에는 어쩔 수 없이 참석한 분들이 많다는 것을 알고 있습니다."

만약 이런 사람들의 비율이 높다고 판단되면 그들 스스로 자신의 경험에서 찾아볼 수 있도록 유도한다.

"이런 경험이 있으신가요? 원래는 서점에서 선택할 리 없는 책이거나 영화관에 가서 볼 리 없는 영화지만 신뢰하는 사람의 추천으로 반신반의하면서 봤는데 예상외로 훌륭해서 좋아하게 된 경험 말이에요."

이렇게 생활에 근접한 경험을 통해 자의가 아닌 어떤 이유 때문에 어쩔 수 없이 와서 앉아 있는 사람들에게 오늘도 그런 의외의 경험을 하게 되리라고 알려주는 것이다.

"지금부터 두 시간 뒤 이 강연이 끝날 때 여러분도 '여길 와서 다행이야!'라고 생각하게 될 겁니다."

그리고 내 가슴을 툭툭 두드리며 말한다.

"그런 일을 가능하게 만드는 것이 바로 제 책임입니다!"

모든 청중이 알아들을 수 있는 말로 내가 그들의 상황을 이해한다는 사실을 알려주고, 강연이 성공하든 실패하든 책임이 내게 있다고 말하는 것이다. 반면에 자의식이 과도한 많은 교사들은 수업 시간에 학생들이 딴청을 피우거나 수업 내용을 이해하지 못하는 것이 자신이 잘 가르치지 못해서가 아니라 전적으로 학생 문제라고 생각한다.

최대한 단순하고 공감할 수 있게 말한다

교사든 회사의 상사든 자기 생각을 표현하고 싶다는 생각이 앞서서 상대가 무슨 생각을 하는지 관심이 없는 경우가 많다. 또는 고고한 생각에 도취되어 우리가 자기 말을 고분고분 듣길 바라면서 본인은 자기가 만든 PPT 보고서에 매몰되어 있는 경우도 있다. 그 때문에 상대가 무엇을 듣고 또 들은 후에 무슨 생각을 하는지는 생각해보려고 하지 않는다.

집중할 수 있는 상황이라도 글 전체가 아닌 어느 한 단락만 읽고서는 내용을 곧바로 이해하기가 어려우며, 여러 번 반복해서 읽고 곱씹어 생각해야 한다. 그렇다면 주의력을 분산시키는 요인이 수없이 많은 강연장에서 강연자가 대충 얘기하고 넘어가는 말은 오죽하겠는가?

그래서 나는 강연을 할 때 나 자신이 청중이라고 생각하고 복잡한 말은 최대한 간단명료하게 하며, 상대가 무엇을 듣고 있는지 호기심을 가지고 관찰한다.

복잡한 것을 단순하게

'복잡한 말을 간단명료하게 한다'는 것은 무엇일까? 비유하자면 엄마가 사과를 깎아줄 때 한 입에 쏙 들어갈 수 있도록 작게 잘라주는 것과 같다. 영어에서는 이것을 'bite size'라고 한다. '한 입에 먹을 수 있는 크기'라는 뜻이다. 한 입에 먹을 수 있는 크기로 잘라주는 사람이 없다면 대부분의 경우 우리는 사과 하나를 통째로 들고 베어 먹기가 번거로워서 차라리 사과 먹기를 포기한다. 그 사과가 아주 달고 맛있다고 해도 말이다.

그러므로 자신의 의견을 전달할 때는 최대한 간단히 말해야 한다. 특히 한 번에 한 가지 개념만 전달해 내가 하는 말의 모든 문장이 '한 입에 먹을 수 있는 크기'가 되도록 하는 것이 중요하다.

자기가 말하고자 하는 모든 개념이 중요하다는 생각에 너무 욕심을 부리면 소화 불량을 유발할 수 있다. 한 번에 한 입씩만 먹여주며 상대가 한 입에 넣고 꼭꼭 씹어 그 맛을 온전히 즐기도록 해야 한다.

'단순해야 한다'는 건 아주 중요한 원칙이다. 자기 생각을 단순하게 표현해야 원래 뜻을 정확하게 전달할 수 있다. 그래야만 자신이 먹고 있는 사과가 파인애플 주스에 담가서 절인 뒤 소금을 찍은 사과가 아니라 아무런 가공도 거치지 않은 싱싱한 사과라는 것을 알 수 있다. 사과를 가공한 방법이 아무리 창의적이고 그렇게 가공한 사과가 특별한 맛을 낸다고 해도 그런 복잡한 방식은 그걸 생각해낸 자기 자신만 알 수 있을 뿐, 남들은 '파인애플 주스에 담가서 절인 뒤 소금에 찍은 사과'라는 복잡하고 어려운 방식을 기억하지 못한다.

사람들에게 진정으로 강렬한 인상을 남기고 맛있는 사과의 맛을 정확하게 전달할 수 있는 것은 단순한 개념과 짧은 말 몇 마디다.

긴 것을 짧게

그냥 단순하기만 한 것으로는 부족하다. 단순하면서도 짧아야 한다. 유명한 테드(TED) 강연에는 18분이라는 시간제한이 있다. 강연이 너무 길면 청중의 집중도가 떨어지기 때문이다.

그러므로 언변이 대단히 뛰어난 사람이 아니라면 강연은 되도록 짧게 하는 것이 좋다. 이것은 비단 강연에만 적용되는 원칙이 아니며 일상 대화에서도 마찬가지다.

직장의 업무 브리핑이든 회의 발언이든, 아니면 제품 마케팅이나 고객과의 대화, 동료와의 경험 공유든 강연처럼 두 시간이나 말할 만큼 내용이 많을 리는 없다. 단 몇 분이면 모든 내용을 다 얘기할 수 있다.

두세 시간 동안 진행되는 강연에서도 나는 일부러 열 가지 주제로 잘게 나누어 각각의 주제에 대해 10분씩 얘기한다. 전체적으로 보면 10분짜리 독립된 강연을 열 개 모아놓은 형태가 되는 것이다. 이렇게 하면 강연이 산만해지는 것을 막을 수 있고 각각의 주제에 대해 어느 하나도 빼놓지 않고 온전히 얘기할 수 있다는 장점이 있다. 또 청중 입장에서는 길이 막혀서 조금 늦게 온 사람도, 아이를 데리러 가야 해서 조금 일찍 자리를 떠야 하는 사람도 각각의 독립적인 주제에 대해 온전한 강연을 들을 수 있다.

청중에게 관심을 기울이라

상대가 무엇을 듣는지에 관심을 가져야 한다. 우리가 말을 할 때 쉽게 저지르는 실수 중 하나가 바로 남들이 알고 싶은 것이 아니라 우리가 하고 싶은 말에 과도하게 집중하는 것이다.

수업 시간에 이런 경험이 한두 번쯤은 있을 것이다. 학생들에게 필요한 것이 무엇인지 선생님 혼자서 결정한 뒤 학생들에게 무엇을 들었는지 물어보지 않은 채 열심히 진도만 나가는 것이다. 그러면 우리는 선생님의 호의라는 명분하에 배우고 싶지 않은 내용 또는 이해할 수 없는 지식을 받아들이며 고통스러워한다.

하지만 어느 날 우리 자신이 연단에서 말할 기회가 생기면 예전의 고통스러운 경험을 잊고 PPT에 온 정신을 빼앗긴 채 자신이 하는 얘기에만 집중한다. 연단 아래 청중이 무슨 생각을 하고 있는지, 만약 내가 청중이라면 무슨 얘기를 듣고 싶은지에는 관심이 없다.

내 이야기를 듣고 있는 사람들에게 '그 일에 관심을 가져야 하는 이유'를 만들어주어야 한다는 사실을 잊지 말자. 사람들에게 개념을 알려주는 데서 그치지 않고 그들 스스로 그 개념을 받아들이게 만들어야 한다. 가장 좋은 방법은 내가 이야기하고 싶은 내용을 그들의 경험과 연결시켜 호기심을 불러일으키는 것이다.

'파인애플 주스에 담가 절인 뒤 소금을 찍은 사과'는 대만 사람들, 특히 대만 남부 사람들의 호기심을 불러일으킬 수 있다. 대만 사람들은 대만 야시장에서 오렌지 주스에 담갔다가 소금에 버무린 뒤 딸기 파우더를 뿌린 구아바를 먹어보았기 때문이다. 그러므로 내가 묘사한 가공 방법이 새롭기는 해도 그들의 경험과 쉽게 연결 지어 호기심을 자극할 수 있다. '파인애플 주스에 담가 절인 뒤 소금을 찍은 사과'가 어떤 맛인지 궁금해져 집에 가서 이 방법대로 만들어 먹어봐야겠다는 의욕이 들게 만드는 것이다.

훌륭한 강연자는 새로운 우주를 만드는 사람이 아니다. 말로써 타인의 세계관 속에서 지식이 끊긴 부분을 찾아내 그곳을 연결할 지식이 필요하다는 것을 자각하게 해주는 사람이다.

강연은 강연자의 풍부한 지식을 과시하기 위한 것이 아니라 청중에게 지식을 전달하기 위한 것이다. 하지만 이 지식을 비유나 치환의 방식으로 일상생활과 연결해 최대한 단순하게 전달해야만 청중이 공감하고 정서적인 연결고리를 발견한 뒤 지식이 끊어진 곳을 연결할 수 있다.

마음의 지도를 그린다

좋은 지도가 있어야 길을 잃지 않을 수 있다. 좋은 지도란 어떤 지도일까?

좋은 지도란 모든 지역이 빠짐없이 표시되어 있고 축적이 정확하며 정교하게 제작된 지도가 아니다. 가고자 하는 곳의 방향을 명확하게 알려주는 지도가 좋은 지도다. 지도를 보는 데 익숙하지 않은 사람도 좋은 지도를 쥐여주고 약간의 도움을 주면 지도를 보고 목적지를 찾아갈 수 있다. 이번 한 번만 그런 것이 아니라 다음번에는 누구의 도움 없이도 스스로 잘 찾을 수 있다. 심지어 목적지로 가는 길을 모르는 사람에게 직접 지도를 그려서 보여줄 수도 있다.

관념의 지도도 마찬가지다. 많은 사람이 강연을 할 때 연단 아래의 '겸손함'을 그대로 유지한다. 하지만 그런 마음가짐은 연단 위에서는 상처만 받을 뿐 장점이 없다. 원래는 분명하게 보였던 지도인데 자신이 빙빙 돌아서 가느라 복잡하고 알아볼 수 없게 되는 것이다.

가령 유기농업의 '초생재배'에 대해 강연한다면 자신 있게 초생재배의 경험과 장점을 직접적으로 얘기해야지, 연단에 올라와 계속 겸손한 말투로 "초생재배는 사실 특별한 게 아니에요",

"이것보다 좋은 방식들이 많을 거라고 믿습니다"같은 얘기를 계속한다면 청중들은 "초생재배가 별로 좋지도 않고 특별하지도 않다는 얘기만 계속할 거라면 내가 이 강연을 계속 들을 필요가 있을까?"라며 어리둥절해할 것이다.

지도는 간단명료하고 확실하게 최단거리로 질러 갈 수 있는 장점이 있다. 예의와 겸손 때문에 길을 빙빙 돌아서 간다면 혼란을 더할 뿐이다.

연단에 올라왔다면 겸손함은 접어두자. 사람들이 당신을 강연자로 초청한 것은 당신에게 배울 만한 생각과 경험이 있다고 생각하기 때문이다. 이런 때 겸손하게 자기 생각을 감추며 이것을 예의라고 생각한다면 그 생각은 틀린 것이다. 시야를 확장하고 견문을 넓히러 온 청중들을 만족시키지 못한다면 그 사람이야말로 무례한 강연자다.

진정한 겸손함은 청중에 대한 자상한 배려다. 낯선 사람들에게 지도를 그려주며 다음번에 그들이 스스로 길을 찾을 수 있도록 도와주겠다는 마음가짐으로 강연하는 것이 진정한 겸손함이다.

한 걸음 한 걸음 차근차근 연설을 쌓아올리는 것은 우리가 남들에게 길을 알려주는 것과 같다. 다만 강연자가 그려주는 것이 등산 지도가 아니라 마음의 지도라는 점이 다를 뿐이다.

이것은 아주 유용한 마음의 지도다. 상대가 알아들을 수 있는 언어로 분명한 핵심을 전달하며 전문용어나 어렵고 추상적인 개념을 배제하고 명확한 좌표를 알려줄 수 있어야 한다.

구체적인 화면을 그린다

물론 PPT도 장점이 있다. 아주 복잡한 개념을 간단명료한 그림으로 표현할 수 있다는 점이다.

어릴 적 TV와 만화를 보고 컴퓨터 게임을 하며 자란 우리들은 무엇이든 시각적으로 이해하려는 습관이 있기 때문에 청각적인 정보보다는 시각적인 정보를 더 쉽게 이해하고 기억한다. 아주 뛰어난 언변으로 '소리의 풍경'을 손에 잡힐 듯 생생하게 그려낼 수 있는 사람이 아니라면 복잡한 개념을 설명할 때는 화면을 이용하는 것이 더 효과적일 수 있다.

여기서 말하는 화면이란 PPT를 통해 도식화한 화면일 수도 있고, 실제로 강연할 때 사용하는 소도구일 수도 있다. 아니면 강연회 때 입는 옷이나 말할 때 쓰는 손짓과 동작까지 모두 추상적인 개념을 구체적인 화면으로 만드는 방법이 될 수 있다. 말로는 짧고 간단하게 설명할 수 없다면 청중들이 더 빠르게 이해할 수 있는 화면을 이용해 설명하는 것이 좋다. 단순명료한 화면으로 강한 인상을 남기면 사람들이 강연 내용을 더 쉽게 기억하도록 만들 수 있다.

그렇다면 어떤 화면을 이용해야 할까? 다음은 내가 화면을 고를 때 적용하는 몇 가지 기준이다. 강연을 준비할 때 이 기준을 이용하면 화면을 선택하는 데 도움이 될 것이다.

해석력: 말로는 명확하게 설명하기 힘든 것을 확실하게 설명할 수 있는가?
요약력: 군더더기를 제거하고 개념을 더 간단명료하게 정리하는 효과가 있는가?
통제력: 누가 보든 동일하고 분명하게 해석할 수 있는가?
흡인력: 청중의 이목을 집중시키는 효과가 있는가?
설득력: 상식에 부합하고 다수를 설득할 수 있는가?
서사력: 흥미로운 개인적 경험이나 일화와 연결할 수 있는가?
감화력: 보면 볼수록 깊이를 느낄 수 있는가?

이런 기준을 충족하는 화면을 찾았다면 강연에 매우 유용하게 이용할 수 있다. 원고를 반복해서 암기할 필요 없이 화면 하나로 단숨에 설명할 수 있기 때문이다.

자연스러운 테크닉을 유지한다

강연자가 자연스럽고 솔직할수록 청중들이 거부감 없이 강연자의 말을 받아들일 수 있다. 이런 '자연스러움'은 강연자가 의도적으로 연출하는 것이다. 다만 여기서 말하는 자연스러움이란 강연자가 연단에 서서 그저 수다를 떨고 있는지, 혼자서 중얼거리고 있는지, 아니면 강연을 하고 있는지 분간할 수 없다는 뜻이 아니다.

다음은 내가 강연을 할 때 자연스러움을 연출하기 위해 사용하는 몇 가지 방법이다.

첫째, 단순한 문장을 구사한다. 평소에 대화하는 방식에 가깝게 짧고 단순한 문장으로 분명한 개념을 설명한다. 중언부언하지 않고, 반드시 필요한 것이 아니라면 전문용어를 사용하지 않으며, 간단명료한 말과 복잡한 연결 관계가 없는 단순한 문장을 사용한다.

둘째, 공백을 이용한다. 강연하는 도중에 필요하다면 말을 멈추고 잠시 생각에 잠겨도 무방하다. 책을 읽다 보면 어떤 단락에서는 읽기를 멈추고 곰곰이 생각해본 다음 다시 읽어야 하는 경우가 있다. 그렇다면 강연을 할 때라고 해서 그러지 말라는 법은 없지 않은가? 경험이 풍부하고 노련한 강연자들은 침묵을 적절히 이용해 드라마틱한 효과를 연출하곤 한다. 생각을 전환시키려고 할 때 말을 멈추고 침묵하는 것은 자연스러운 일이다. 침묵을 부자연스럽게 여길 필요는 없다. 강연자가 멈추고 침묵하는 동안 청중들도 강연자가 이야기한 내용을 소화할 수 있기 때문이다.

나는 청중에게 질문하는 것도 좋아한다. 보통 한 가지 개념을 이야기하고 다음으로 넘어가기 전에 청중들에게 이렇게 말한다.

"마지막 질의응답 시간까지 기다리지 말고 언제든 내 말을 끊고 질문해도 됩니다."

이렇게 말한 뒤 청중들에게 발언할 기회를 주는데 이것도 역시 잠시 멈추고 생각하는 시간을 벌 수 있는 좋은 방법이다.

셋째, 진실성을 유지한다. 자연스럽게 대화하듯 얘기해야 청중이 거부감 없이 쉽게 받아들일 수 있다. 자연스러운 표현에는 보디랭귀지도 큰 역할을 한다. 과도한 연습이나 훈련도 필요 없고 원고를 달달 외울 필요도 없다. 그저 진실성을 잃지 않고 자기 생각을 충실히 전달하면 된다.

넷째, 군더더기 말을 쓰지 않는다. 평소에 말할 때 의미 없는 어미나 조사를 많이 사용하거나, 문장과 문장 사이의 공백을 참지 못해 자기도 모르게 "참!", "음", "와우!" 같은 말이 입 밖으로 나오는 사람들이 있다. 평상시에 대화할 때 자신에게 이런 나쁜 습관이 있다는 걸 안다면 의식적으로 고치려고 노력하고 언어 사이에 비죽비죽 자라난 잡초를 뽑아버려야 한다.

말 외에 더 중요한 것이 있다

말하는 내용 외에도 말하는 속도, 목소리의 높낮이, 말투, 보디랭귀지 등이 모두 강연의 일부가 된다. 나의 전작《그래서 오늘 나는 외국어를 시작했다》라는 책에서도 강조했듯이, 언어학자의 분석에 따르면 말의 내용 자체는 전달하고자 하는 정보의 7퍼센트밖에 전달할 수 없다. 그 외에 동작, 눈빛 교환, 표정 등 보디랭귀지가 55퍼센트의 정보를 전달하고, 나머지 38퍼센트의 정보는 말하는 속도, 말투, 목소리의 높낮이 등 말의 부수적인 특징을 통해 전달된다고 한다.

　그러므로 강연을 할 때 말 자체만을 강조해서는 안 된다. 청중들은 강연자의 보디랭귀지와 말투를 통해 강연자가 강연 내용에 얼마만큼의 흥미와 열정을 가지고 있는지, 또 강연 내용이 무척 가치 있는 것이고 강연자도 중요하다고 믿고 있는지 판단한다. 강연자가 자기 의견을 말하면서 부정적인 표정을 짓거나 컴퓨터 모니터 혹은 원고에 시선을 고정한 채 사람들과 시선 마주치는 것을 회피한다면, 청중에게 신뢰를 줄 수도 없고 자신이 말하는 내용을 청중이 믿게 만들 수도 없다.

생각하고 싶을 때는 무의미한 문장으로 공백을 채우기보다 잠시 멈추어 말없이 생각하는 편이 좋다. 훌륭한 강연자라면 언제 말을 멈추어야 하고 언제 우렁찬 목소리로 얘기해야 하는지, 또 언제 어조를 바꾸어야 하고 말하는 속도를 높여야 하는지 알아야 한다.

눈빛 교환하기

두 사람이 얼굴을 맞대고 얘기할 때는 상대와 눈을 마주친 상태로 3~6초간 유지하는 것이 좋다. 하지만 강연처럼 일 대 다수로 얘기할 때는 의식적으로 많은 사람들과 눈을 마주치는 것이 좋다. 맨 왼쪽에 앉은 청중들을 바라보고 고개를 돌려 맨 오른쪽에 앉은 청중들을 바라본 뒤 다시 중간에 앉은 청중들을 바라본다. 강연이 끝날 때까지 이런 식으로 반복하며 많은 사람들과 눈빛을 교환한다. 가급적 많은 청중들에게 이 강연에서 강연자와 한 번이라도 시선을 마주쳤다고 생각하게 하는 것이 가장 좋다. 강연자와 눈빛을 교환하는 것만으로도 강연자와 전체 강연 내용을 오랫동안 기억할 수 있기 때문이다.

연단에서 내려가기

연단과 청중이 멀리 떨어져 있거나 강연의 중간쯤에 자신이 말하는 내용과 청중 사이에 거리감이 있다고 판단되면 연단에서 내려가라. 연단 밑으로 내려가 맨 앞줄에 앉아 있는 청중에게 다가가도 좋고, 청중들 사이로 깊숙이 파고들어도 좋다. 그런 다음 아주 친근하고 스스럼없이 아무나 한 명을 골라 즉흥적인 질문을 한다. 여기서 주의해야 할 점은 아주 쉽게 대답할 수 있는 질문이어야 한다는 것이다.

강연자가 연단 아래로 내려가는 순간 분위기가 반전되며 강연에 활력을 불어넣을 수 있다.

인상적인 결말로 끝맺어야 한다

용두사미식 결말은 강연자들이 흔히 저지르는 실수다. 강연을 시작하고 처음 몇 분은 흥미진진하게 이끌어가지만 그 후로 점점 내리막을 걷다가 마지막에는 강연자 혼자 얘기하고 청중들 중 절반은 꿈나라로 떠나는 웃지 못할 광경이 연출되곤 한다.

나는 이런 강연자들이 운동을 해본 경험이 한 번도 없는지 의심스럽다. 조깅을 해본 사람들은 '속도 배분'의 중요성을 잘 알고 있다. 강연을 힘 있게 시작했다면 당연히 결말도 힘 있게 맺어야 하지만 중간에는 적절한 속도를 유지해주어야 한다. 물론 때때로 약간의 가속으로 근육을 자극하기도 하고, 조금 느리게 달려 휴식하는 느낌을 주는 것도 중요하다. 강연도 마찬가지다.

강연의 마지막 부분은 강연 내용을 '요약 정리' 하는 단계다. 강연에서 어떤 얘기를 했는지, 어떤 순서로 이런 논리가 성립되는지, 강연자의 가장 중요한 신념은 무엇이고 또 어떤 변화를 이끌어내길 원하는지 같은 것들이다. 1분 정도 시간을 할애해 강연 내용을 정리하면 된다. 이 1분이 바로 사람들이 집에 돌아간 뒤 유일하게 기억나는 내용일 수도 있다. 결말에서 강한 인상을 남겨야 사람들의 마음을 움직여 실천으로 이어지게 만들 수 있다.

나는 그날의 주제와 관련된 유명인의 격언이나 명언으로 끝맺는 방식을 즐겨 사용한다. 예를 들어 국제 NGO 활동에 관한 강연을 했다면 마지막에 내가 좋아하는 간디의 명언으로 끝을 맺는다.

"세상을 변화시키고 싶다면 당신부터 변화된 삶을 살아야 한다(Be the change you wish to see in the world)."

그러면서 이것이 학창 시절 내가 책상에 붙여놓고 좌우명으로 삼았던 명언이자 내가 이 직업을 선택한 이유라는 것도 얘기한다. 그 순간 이 명언과 나 사이에 매우 사적이고 은밀한 연결고리가 생긴다. 그런 다음 강연의 맨 마지막에 나에게 아주 중요하면서도 은밀한 이 연결고리를 그 자리에 있는 모든 사람으로 확장하고 싶다고 말한다. 그러면 청중들의 눈시울이 촉촉해지며 진심에서 우러난 감동이 내게도 전해진다.

진정으로 감동적인 것은 강연이 시작될 때는 아무 관계도 없었던 우리이지만 마지막에 가서는 우리 모두가 생명의 가치를 지지한다는 커다란 연결고리가 생긴다는 점이다.

강연을 어렵게 생각하는 사람이 많지만 사실 강연은 아주 단순한 일이다. 그건 무대에서 하는 '퍼포먼스'가 아니라 사람들과 얼굴을 맞대고 마음속 진솔한 생각을 있는 그대로 전달하는 과정일 뿐이다.

6장

다양한 사람과
대화하는 법을 배운다

―아르바이트로 배우는 말하기

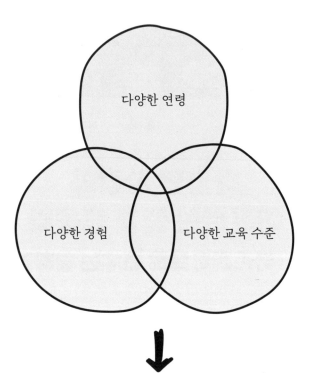

다양한 연령

다양한 경험

다양한 교육 수준

서로의 교집합에 집중하라

앞으로 무슨 일을 할지 모르는 건 좋은 일이다

상당히 외진 지방에 있는 사립 간호대학에서 강연한 적이 있다. 그런데 강연장을 가득 채운 여학생들이 내 강연에 흥미가 없는 것 같았다. 껌을 씹고 거울을 보며 화장을 하기도 하고, 고개를 처박고 휴대전화만 들여다보기도 하고, 꾸벅꾸벅 졸거나 속닥속닥 잡담을 했다.

　나는 그 자리에서 미리 준비해 온 PPT를 켜지 않기로 결정하고 슬라이드를 껐다. 창가에 가서 시청각실의 블라인드를 모두 올리자 오후의 밝은 햇빛이 창문으로 쏟아져 들어왔다. 그 자리에 있던 교수와 학생들이 모두 놀라 어리둥절해했다. 강연하던 아저씨가 왜 저러는지 모르겠다는 표정이었다. 강연하다가 갑

자기 화가 나기라도 한 걸까?

나는 화가 난 것이 아니었다. 연단 한가운데로 돌아가 미소 띤 얼굴로 청춘의 한가운데 있는 학생들의 얼굴을 둘러보면서 말했다.

"나중에 자신이 무슨 일을 해야 할지 모르는 사람은 손 들어보세요."

한두 명이 쭈뼛거리며 손을 들었다. 내가 격려하는 미소를 지으며 학생들과 눈을 맞추며 바라보자 점점 더 많은 학생들이 천천히 손을 올렸다. 1분 뒤 비딱한 시선으로 나를 째려보는 몇몇 학생들을 제외하고 거의 모든 학생이 손을 들었다.

"축하합니다!"

나는 학생들을 향해 박수를 치며 말했다.

"나는 여러분의 부모님들과는 생각이 다릅니다. 여러분이 나중에 제일 하고 싶은 일이 아직 이 세상에 등장하지 않았다고 믿고 있기 때문입니다. 근거 없는 얘기가 아닙니다. 생각해볼까요? 지금 젊은이들은 당연히 직업이라고 생각하지만 '어른'들은 이해하지 못하는 직업이 얼마나 많은지."

유튜버, 온라인 쇼핑몰 경영자, 구매 대행업자, 에어비앤비 호스트, SNS 이모티콘 디자이너, 파워블로거, 우버 기사 등 여러 직업이 대답으로 나왔다.

내가 말했다.

"어릴 적부터 의사나 교사가 되겠다는 꿈만 꾸는 아이들은 어떻게 하면 유튜버가 될 수 있는지에 관심이 없겠죠. 어쩌면 유튜버가 무슨 일을 하는 직업인지 모를 수도 있어요. 그러다가 나중에 새로운 직업을 발견한 뒤에야 시도해보고 부딪쳐보면서 관심을 갖게 되죠."

나는 뒤에 있는 칠판에 학생들이 얘기한 직업들을 적어놓고 몸을 돌려 학생들을 향해 물었다.

"그러니까 앞으로 자신이 무엇을 할지 모르는 건 좋은 일 아니겠어요?"

흐리멍덩했던 학생들의 눈동자가 점점 반짝이기 시작했다.

내가 본 그 학생들은 교사들이 말하는 '진취심 없이 방황하는 젊은이들'이 아니라 '미지의 것을 어떻게 받아들여야 하는지 아는 사람'이 되려면 학생 시절에 어떤 준비를 해야 하는지 학교에서 배우지 못했을 뿐이었다.

내가 물었다.

"하지만 여러분이 사회에 나갔을 때는 지금은 새로운 것들이 이미 낡은 것이 될 수도 있고, 지금은 하고 싶다고 생각하는 일이지만 그때가 되면 흥미를 잃을 가능성도 있겠죠?"

학생들이 잠시 생각하다가 고개를 끄덕였다. 내가 학생들을 향해 질문을 던졌다.

"그럼 어떻게 해야 할까요?"

모든 문제에 호기심을 가지라

어떻게 하면 '학교', '교육', '학습'을 통해 예측할 수 없는 미래를 준비할 수 있을까? 100년 전에는 세상에 존재하는 거의 모든 직업이 농업과 관련된 직업이었지만 지금은 그중 90퍼센트 이상이 사라졌다. 지금 배우고 있는 프로그래밍, 재무회계 등도 10년 뒤에는 모두 로봇이 대신하게 될 수도 있다. 기계가 농작물 파종과 수확을 대신하고 있는 것처럼 말이다.

나는 학생들에게 두 가지를 건의했다. '바깥세상을 많이 보라는 것'과 '모든 문제에 호기심을 가지라는 것'이다.

바깥세상을 많이 보라는 것은 자신이 가장 하고 싶은 일이 이미 세상에 나와 있는데 모르고 있을 수도 있기 때문이다. 나 역시 서른 살에 항해 기술을 배우러 가기 전까지만 해도 유람선의 '해상 혈액투석센터' 간호사가 되면 돈을 벌고 남을 돕기도 하면서 유유히 세계 일주까지 할 수 있다는 사실을 전혀 몰랐다.

모든 문제에 호기심을 가지라는 것은 우리가 미래의 직업을 예측할 수 없기 때문이다. 현재 존재하는 문제들 중 반드시 해결해야 하지만 아직 해결 방법을 찾아내지 못한 문제가 있다면, 이런 문제들이 지금은 해결할 수 없는 난제처럼 보이지만 훗날 미래의 직업으로 변할 수 있다. 예를 들어 인터넷 속도가 너무 느리다든가, 암을 치료할 수 없다든가, 젊은이들이 내 집 마련을 할 수 없다든가, 오토바이를 타는 것이 너무 위험하다든가, 아니면 독거노인이 점점 많아지고 있다든가 하는 문제들이다.

"선생님은 이런 걸 어떻게 아셨어요?"

진한 화장을 한 여학생이 손을 들고 질문하자 강연장에 있던 교수들이 의외라는 표정을 지었다. 그 학생이 수업 시간에 입을 연 건 그때가 처음이었기 때문이다.

내가 웃으며 말했다.

"내가 바로 나중에 어떤 사람이 되어야 할지 전혀 모르는 학생이었으니까요."

새로운 것, 미지의 것을 받아들일 줄 알아야 한다

지금 나는 해마다 NGO 네 곳의 경영 컨설턴트로 활동하고 있다. 구체적으로는 미얀마 산지에서 무장부대가 휴전 협상을 할 수 있도록 도와주고, 대만 원주민 마을에 스토리 캠프를 개설하고, 프랑스의 철학 기관에서 기업을 대상으로 철학상담을 하며, 공해상에서 선원들에게 갈등 해결을 위한 코칭을 진행하고 있다.

이 네 가지 일 모두 내가 학창 시절, 아니 심지어 몇 년 전까지만 해도 상상조차 하지 못했고 또 이런 일이 존재한다는 사실조차 몰랐던 일이다. 하지만 지금은 이 일들이 나의 '진정한' 직업이 되었다. 나는 늘 어머니에게 내가 어떤 일을 하는지 길고 자세하게 설명해주지만, 우리 어머니는 내가 날마다 전 세계를 돌아다니며 무슨 일을 하는지 아직도 이해하지 못한다. 하지만 어머니는 내가 밥을 굶지 않고 즐겁게 지내기만 하면 그걸로 됐다고 생각한다.

앞으로 5년 뒤에 나는 또 지금과 완전히 다른 일을 하며 살게 될 수도 있다. 지금 나는 그 일이 무엇인지 모르지만 걱정하지 않는다. 내가 무슨 일을 하든 틀림없이 재미있는 일이리라는 걸 알고 있기 때문이다.

만약 당신이 앞으로 무슨 일을 할지 모르거나, 학교에서 배운 지식이 자신의 미래와 어떤 관계가 있는지 모른다면 그건 아주 당연한 일이다.

밖으로 나가서 세상을 보라!

세계에서 일어나고 있는 일에 호기심을 가지라!

젊었을 때 수많은 가능성을 향한 문을 활짝 열고 '새로운 사물을 배울 수 있는 능력'을 기르고 '미지의 것을 어떻게 받아들여야 하는지 아는 사람'이 돼라. 그에 비하면 시험과 성적은 아주 사소한 일일 수도 있다.

'최대 교집합'에 집중한다

간호대학 여학생들과 나 사이에는 공통점이 거의 없었지만 강연이 끝난 뒤 우리는 서로를 이해하게 되었고, 교수들은 그걸 이상하게 여기며 질투 어린 시선으로 나를 바라보았다.

나는 고등학생 시절 수많은 아르바이트를 하며 나와 전혀 다른 사람들과 소통하는 능력을 길렀다. 그때 나는 평일에는 식당에서 설거지를 하고 주말에는 육교에서 나이트클럽 전단지를 나누어주는 일을 했으며, 연말연시에는 길거리에서 카세트테이프 (정말 오래전 얘기다!)를 팔았기 때문에 다양한 부류의 사람들과 대화할 기회가 있었다.

나와 나이도 세대도 완전히 다르고 교육 수준, 경제적 배경, 삶의 경험도 모두 다른 사람들이지만 그들과 함께 일하거나 그들에게 물건을 팔기 위해 도시 사람과 지방 사람, 노인과 젊은이, 현지

인과 관광객은 어떻게 다른지, 화이트칼라와 흙수저의 소비 심리는 어떤 차이가 있는지, 또 일반고 학생과 직업고 학생, 자신감 있는 사람과 열등감에 휩싸인 사람, 남자와 여자는 어떻게 다른지, 장애인과 행동이 자유로운 사람이 세상을 바라보는 관점은 어떻게 다른지 알아야 했다. 흥미롭게도 장애인과 키가 아주 크거나 작은 비장애인은 심리적으로 매우 유사한 공통점이 있었다. 또 자기보다 잘생긴 사람에게 물건을 팔 때와 자기보다 못생긴 사람에게 물건을 팔 때도 접근 방식이 달라야 했다.

대만 대학에 다닐 때도 직업 고등학교에서 과외 교사로 일하고 기숙사에서 코스타리카인 룸메이트와 함께 생활하며 다양한 사람들과 소통하는 데 익숙해졌다. 그러면서 상대와 내가 아무리 달라도 어쨌든 둘 사이에 차이점보다 공통점이 많다는 중요한 사실을 깨달았다.

자신과 아주 다른 사람과도 자연스럽게 대화를 나눌 수 있어야 한다. 상대가 누구냐에 따라 말이 계속 바뀐다면 그건 비열한 판매 수법이며 진심이 아닌 거짓이라는 사실이 금세 들통 난다. 나는 고등학생 시절부터 수많은 아르바이트를 하고 거리에서 물건을 팔면서 나와 다른 사람과 진솔한 대화를 나누는 법을 배웠다.

상대와의 차이를 뛰어넘어 거리를 좁힐 수 있는 핵심 비결은 차이점이 아닌 서로의 공통점 중에서 가장 큰 교집합을 찾아내는 것이다.

단어를 바꾸기보다 생각을 바꿔야 한다

'유행어'나 '전문용어'를 뽐내는 것은 우리가 가장 흔히 저지르는 실수이자 소통의 가장 큰 적이다. 어린애가 자신이 성숙한 척하기 위해 학술적인 용어를 사용하는 것이든, 어른이 젊어 보이려고 유행어를 쓰는 것이든, 자연스럽지 않다면 억지로 거리를 좁히려다가 오히려 더 불편해지고 거리감도 커지는 역효과를 내게 된다.

가령 부모가 이래봬도 마음만은 젊다는 걸 보여주려고 자기 딴에는 재미있다는 생각에 아이에게 "빨리 샤워해! 갑분싸 만들지 말고!"라고 말했다고 하자. 이런 말은 세대 차이를 줄이기는커녕 아이의 반항심만 더 키울 뿐이다.

'갑분싸'라는 말은 '갑자기 분위기가 싸해진다'는 뜻의 인터넷 신조어다. 주로 청소년들이 많이 쓰는 이 말을 부모가 쓰는 게 무슨 문제라도 있을까?

물론이다. 문제가 아주 크다! 단어만 바꿨을 뿐 생각은 전혀 바뀌지 않았기 때문이다.

청소년들끼리는 샤워를 하라고 재촉하거나 하기 싫은 일을 하라고 서로 재촉하지 않는다. 솔직히 말해서 샤워를 조금 일찍 하든 늦게 하든, 아니면 하루 샤워를 하지 않든 사흘 동안 샤워를 하지 않든 그들에게는 별로 대수로운 일이 아니다. 그러므로 샤워를 하지 않으면 '갑분싸'라는 부모의 말은 앞뒤가 맞지 않는 말이다.

부모가 '빨리 샤워하는 것'을 큰일로 여기고 재촉하는 한 아이들이 쓰는 유행어를 아무리 많이 따라 해도 아이는 부모의 말이 평소와 다를 게 없다고 생각할 것이다. 낡은 생각은 고수한 채 아이들이 쓰는 말만 흉내 낸다면 오히려 아이들의 거부감을 더 부추길 수 있다.

마찬가지로 젊은이들도 어른의 인정받기 위해 잘 알지도 못하는 단어를 사용할 필요가 없다. 단어만 바꾼다고 해서 성숙하게 보이는 것은 절대로 아니기 때문이다.

그러므로 말을 통해 서로 간의 거리를 좁히려고 할 때 진정으로 중요한 것은 단어 몇 개를 바꾸는 것이 아니라 생각을 바꾸는 것이다.

상대의 뇌구조에 관심을 가지라

자기가 뭐든 다 알고 있다고 생각하는 사람은 결코 소통에 성공할 수 없다.

"아! 그건 나도 잘 알아. 예전에 나도 그랬어."

자기 경험에 비추어 남의 생각을 짐작하고 자기가 뭐든 다 아는 것처럼 말한다면 아무리 옳은 말을 하고 이치가 명확하다고 해도 상대의 공감을 얻기 힘들다.

"네가 뭔데 내 생각을 다 안다는 거야?"

상대가 겉으로 이렇게 말하지 않아도 속으로는 틀림없이 이렇게 생각하며 불쾌해할 것이다. 진정한 대화를 원한다면 말하기 전에 먼저 상대의 생각을 알아야 한다. 상대의 상황을 자세히 들여다보지도 않고 자신의 주관적인 판단으로 상대의 생각을 넘겨짚는 사람들이 있다. 이런 사람과 대화를 하면 누구든 그와의 연결고리를 스스로 끊고 마음의 문을 닫게 된다.

내 철학상담 스승인 오스카 선생님은 철학상담을 할 때 아주 빠르게 고객의 생각을 읽어낸다. 한 학생이 수업 시간에 그 비결을 묻자 오스카 선생님이 어깨를 으쓱이며 이렇게 말했다.

"상대가 무슨 생각을 하는지 진심으로 궁금해하기 때문이에요!"

하지만 상담사나 기업 관리 고문들 중에 상대를 어떤 '공식'에 끼워 맞춰 생각하고 자신이 척 보기만 해도 문제의 원인을 파악할 수 있다고 자신하는 사람이 적지 않다. 이런 착각에 빠져 상대의 생각을 제대로 이해하려고 하지 않은 채 일반적인 방식을 그대로 적용하고 단정적으로 말하는 것이다. 이런 방식은 상대를 진정으로 알 수 있는 기회를 스스로 포기하는 것과 같다.

'좋은 질문'을 하는 법을 배우라

가짜 질문을 하는 것도 우리가 흔히 저지르는 실수다. 가짜 질문을 줄이고 진짜 질문만 하는 것은 사실 그리 쉬운 일이 아니다. 가짜 질문이란 엄마가 아이에게 하는 "숙제를 다 끝내놓고 놀아야 한다고 생각하지 않니?" 같은 질문이다. 이 말은 표면적으로 보면 의문문이지만 사실 엄마가 아이의 생각을 묻기 위해 하는 질문이 아니다.

이 질문에 대한 아이의 솔직한 대답은 물론 "그렇게 생각하지 않아요"일 것이다. 하지만 아이는 이것이 솔직하게 대답할 수 없는 '가짜 질문'이라는 것을 알고 있다. 거짓말을 하고 싶지 않다면 못 들은 척 아무 대답도 하지 않거나 놀던 것을 억지로 그만두고 숙제를 해야 한다.

결과가 무엇이든 진정한 소통의 효과를 기대할 수 없으며 오히려 둘 사이의 이해와 신뢰가 줄어들게 된다.

아와즈 교이치로가 쓴《굿 퀘스천: 좋은 대화는 좋은 질문에서 시작된다》라는 책을 보면 질문을 네 가지로 분류하고 있다.

첫째, 질문받은 사람이 거부감 없이 대답할 수 있지만 새로운 것을 발견할 수는 없는 '가벼운 질문'이다. 이런 질문은 처음 대화를 시작할 때 정보를 수집하거나 상대의 경계심을 풀게 할 수 있다.

둘째, 질문받았을 때 거부감이 드는 '나쁜 질문'이다. 이 질문으로 새로운 것을 발견할 수는 없지만 질문한 사람에게 '다른 꿍꿍이'가 있다는 것이 훤히 드러난다. 위에서 예로 든 "숙제를 다 끝내놓고 놀아야 한다고 생각하지 않니?" 같은 질문이 여기에 해당한다.

셋째, 질문받은 사람이 거부감 없이 대답할 수는 없지만 새로운 것을 발견할 수 있는 '무거운 질문'이다. 예를 들면 사생활을 묻는 질문이나 나무라는 듯한 질문이다. "열심히 공부하지 않고 엄마 아빠가 널 평생 책임지게 만들 거니?" 같은 질문이 여기에 속한다. 때로는 이런 무거운 질문이 모든 일에 남 탓을 하는 사람에게 그에게도 책임이 있음을 깨우쳐줄 수 있다. 그러나 이런 소통이 효과적일 때도 있지만 상대에게 큰 상처를 줄 수도 있다.

넷째, 질문받은 사람이 거부감 없이 대답할 수 있고 새로운 것을 발견할 수도 있는 '좋은 질문'이다. 나는 지금도 내가 하는 질문 중 좋은 질문의 비율을 높이기 위해 노력하고 있다.

내가 생각하는 좋은 질문이란 질문받는 사람이 거부감 없이 진지하게 생각하도록 만드는 질문이다. 예를 들면 "숙제를 다 끝내놓고 놀아야 한다고 생각하지 않니?"라는 질문은 "숙제하는 시간과 노는 시간을 어떻게 정해놓았니?"라고 바꿀 수 있고, "열심히 공부하지 않고 엄마 아빠가 널 평생 책임지게 만들 거니?"라는 질문은 "네 인생에서 가장 원하는 목표가 무엇이니?"라는 질문으로 바꿀 수 있다.

좋은 질문을 하는 법을 배우면 질책이나 충고를 질문으로 바꿀 수 있다. 상대의 생각에 진정한 관심을 가진다면 새로운 것을 발견할 수 있을 것이다.

소통의 목표를 정하라

자신의 진정한 목적이 무엇인지 모르면 자기 자신조차 동의할 수 없는 말을 남에게 하게 된다.

부모가 아이에게 "열심히 공부하지 않고 엄마 아빠가 널 평생 책임지게 만들 거니?"라고 질문하는 이유가 무엇일까? 부모 스스로 '내가 이렇게 묻는 진정한 목적은 무엇일까?'라고 생각해보자.

"빨리 샤워해", "빨리 공부해", "컴퓨터 게임 그만해", "방 정리해", "떼쓰지 마" 같은 말들은 표면적으로 보이는 것이 진정한 목적이 아니다. 이런 말들의 진정한 목적은 무엇일까?

아이가 책임감이 강하고 용기와 사랑을 가진 독립적인 사람으로 자라는 것이다. 그렇다면 '독립'이라는 목적에서 출발해 "열심히 공부하지 않고 엄마 아빠가 널 평생 책임지게 만들 거니?"라는 질문을 좀 더 좋은 질문으로 바꿀 수는 없는지 생각해보자. 어떻게 하면 부모가 열심히 공부하라고 말하는 것이 아이가 독립적인 성인으로 자라길 바라기 때문이라는 점을 아이에게 알려줄 수 있을까?

그런데 공부를 열심히 하면 정말로 독립적인 성인이 될 수 있을까? 조금 이상하게 들리지 않는가? 이 두 가지 사이에 정말로 인과관계가 존재할까? 아니면 부모가 생각 없이 해버린 말일까? 이 두 가지 사이에 어떤 연결고리가 빠졌을까?

잘 생각해보면 부모는 자신이 이 두 가지 사이에 '돈'이라는 연결고리를 빠뜨렸음을 알 수 있을 것이다.

"아! 내 말은 공부를 열심히 하면 나중에 돈을 잘 버는 좋은 직업을 가질 수 있다는 뜻이었구나. 좋은 직업을 가지면 독립적인 성인이 될 수 있다는 뜻이었어."

자기가 그렇게 말한 목적을 확실히 알아야만 말 속에 담긴 '행간의 뜻'과 '진정한 생각'을 알 수 있게 된다.

그런데 열심히 공부하면 정말로 나중에 돈을 많이 벌 수 있을까? 지금 공부를 하는 것이 나중에 돈을 잘 벌기 위해서라면 반드시 공부를 열심히 해야 할까? 아니면 나는 정말로 돈 버는 것이 아주 중요하다고 생각하고 있을까?

자신이 한 말의 진정한 목적이 무엇인지 알아야만 자신과 타인 모두를 진심으로 대하고 서로의 생각을 진정으로 소통할 수 있다.

상대에게 함께 생각하기를 제안하라

내 직업을 '국제 NGO의 경영 컨설턴트'라고 소개하면 사람들이 알 듯 모를 듯한 표정으로 나를 쳐다보곤 한다. 예전에는 내가 이렇게 정확히 설명하는데도 알아듣지 못하면 그건 상대의 지식이 부족하기 때문이라고 생각했다. 그런데 나중에 보니 그건 내 표현 능력이 부족해서 복잡한 일을 쉽게 설명하지 못했기 때문이었다. 결코 남의 잘못이 아니었던 것이다.

내게 복잡하게 말하는 단점이 있다는 걸 알고 난 뒤 나를 소개할 때 몇 가지 단계로 나누어 설명하기 시작했다.

1단계: 상대에게 '경영 컨설턴트'라는 직업을 아는지 묻는다.

2단계: 상대가 안다고 대답하면 기업이 어떤 상황일 때 경영 컨설턴트에게 도움을 요청할지 생각해보라고 한다.

3단계: 기업에 경영 컨설턴트가 필요하다면 기업이 아닌 정부나 NGO에도 경영 컨설턴트가 필요한 상황이 있지 않겠느냐고 묻는다.

4단계: NGO에도 그런 상황이 있을 수 있다고 상대가 동의하면, NGO에도 경영 컨설턴트가 필요할 수 있으며 기업이 아니기 때문에 기업 경영 컨설턴트가 아니라 'NGO 경영 컨설턴트'라고 부르는 것일 뿐 본질적으로는 같은 일을 하는 사람이라고 말한다.

5단계: INGO(국제비정부기구)와 NGO(비정부기구)의 법률적 정의가 어떻게 다른지 간단하게 설명한다.

6단계: 그러므로 내 직업은 바로 'INGO의 경영 컨설턴트'라고 말한다.

시간이 허락하기만 한다면 나는 가급적 스무고개를 하듯 6단계로 나누어 문답 형식으로 내 직업을 설명한다. 상대에게 '가르쳐주는 것'이 아니라 생각해보기를 '요청하는 것'이다. 이렇게 하면 추상적이고 일반인들이 상상하기 힘든 INGO 경영 컨설턴트라는 직업을 상대가 쉽게 이해할 수 있다. 차근차근 논리를 따라 설명되기 때문에 특별히 외울 것도 없고 한번 이해하고 나면 잊어버릴 염려도 없다.

이런 소통 수단을 터득하고 난 뒤 나는 성별, 연령, 사회적 배경, 언어, 생활 경험, 인종, 성격의 차이에 구애받지 않고 다양한 사람들에게 내 생각을 자연스럽고 분명하게 전달할 수 있게 되었다. 물론 상대도 내 뜻을 정확히 이해할 수 있다.

7장

이성적으로 생각하는
법을 배운다

─철학적 대화로 배우는 말하기

KEYWORD

자신이 말하는 목적을 알라

어떻게 해야 목적에 도달할 수 있는지 알라

자신이 무엇을 말하고 있는지 분명히 알라

관점을 바꾸어 듣는 이의 입장에서 생각하라

어른이라고 생각이 깊은 것은 아니다

몇 년 전부터 여름방학 시즌이 되면 오스카 선생님이 개발한 어린이 철학 교육 수업법에 따라 타이베이(台北)와 베이징에서 초등학생을 대상으로 논리 사고 캠프를 열고 있다. 유네스코 철학 자문 위원인 오스카 선생님은 아이가 언어를 배우기 시작하면 온전한 사고력을 교육받을 수 있는 지적 기초가 마련된 것이며, 어른이 올바르게 지도하기만 한다면 아이의 철학적 사고력을 계발할 수 있다고 말한다.

그런데 캠프에 참여했던 아이들이 일주일 뒤에 막 싹을 틔우기 시작한 사고력을 가지고 집으로 돌아갈 때마다 의구심이 든다. 아이들의 부모가 사고력의 중요성을 알지 못한다면, 이제 막 생각할 수 있는 능력을 갖게 된 아이들이 집에 돌아간 뒤에도 충분히 사고할 수 있을까? 이 의문의 해답은 아직도 잘 모르겠다.

올해 여름 캠프가 끝나고 며칠이 지난 뒤 캠프에 참여했던 한 아이의 엄마에게 이메일을 받았다. 아이 엄마가 어쩔 줄 모르겠다는 말투로 이렇게 썼다.

……캠프가 끝난 뒤에 아이가 교재를 교실에 두고 왔지 뭐예요. 아이가 일부러 두고 온 것 같아서 화가 났어요. 아이에게 책임감을 길러주려고 캠프에 보낸 건데 아이가 열심히 배우려고 하지 않으면 무슨 소용이 있겠어요. 제 교육 방식에 문제가 있는 걸까요? 아이를 어떻게 가르쳐야 할까요?

나는 답장을 쓰기 전에 두 가지 원칙을 결정했다.

첫째, 아이 엄마에게 '알려주는' 대신 '질문'을 한다. 그것이 그녀 스스로 생각하는 데 도움이 될 것이다.

둘째, 질문할 때 상대가 외면하고 싶어 하는 '무거운 문제'를 거부감 없이 대답할 수 있는 '좋은 질문'으로 바꾼다.

나는 이렇게 답장을 보냈다.

아이가 놓고 간 교재는 제가 보관하고 있어요. 원하신다면 우편으로 보내드릴게요. 저는 그 아이가 자기 생각이 뚜렷한 아이라고 생각해요. 하지만 고집스럽지는 않죠. 토론을 하고 스스로 생각하고 나면 항상 합리적인 답을 받아들이고 자기 결정을 용기 있게 수정했어요. 자존심 때문에 틀린 생각을 고집하지 않았답니다. 저를 비롯해 모든 교사들이 그 아이를 좋아했어요. 그러니까 아이가 교재를 집에 가지고 갔든 놓고 갔든 일주일간의 캠프를 통해 아이가 많은 걸 배웠다고 믿어요. 이 두 가지 문제를 한번 생각해보세요.

첫째, 캠프가 끝난 뒤에 반드시 교재를 집에 가져가야 하나요?

둘째, 아이가 왜 교재를 두고 갔을까요?

아이 엄마는 내 답장을 받자마자 고맙다는 말과 함께 집 주소를 알려주며 교재를 보내달라고 했다. 교재를 받으면 아이와 대화를 나누며 아이의 잘못된 생각을 바로잡아주고, 생각 없이 말하는 습관을 고치고 자기주도 학습을 할 수 있는 동기를 찾아주겠다면서 말이다.

이건 부모들의 전형적인 반응이다. 때때로 부모들은 아이에 대한 사랑이 너무 커서 자신을 돌아보지 못한다. "아이의 독립심을 길러주기 위해 여름방학에 유럽 탐방 캠프에 보내기로 했다"라고 말할 때 그 핵심은 아이의 '자주적인' 능력이 아니라 '통제'다. 이런 오해는 아주 흔하다. 이것이 바로 아이들이 집에서 이성적으로 생각하며 사고력을 발전시킬 수 없다는 증거다.

사소한 일인 것 같지만 이런 일을 마주할 때마다 곤혹스럽다. 나는 그 아이의 의견을 묵살하고 아이가 두고 간 교재를 아이 엄마에게 보내주어야 할까? 그렇게 한다면 아이의 뜻을 거스르게 된다. 아이는 내가 교실에서는 누구나 자기 일을 스스로 결정하고 책임질 수 있어야 한다고 말해놓고 실제로는 그 말처럼 자신을 존중하지 않는다고 생각할 것이다.

나는 조용히 기다리기로 했다. 일주일 뒤 나는 그 아이 엄마로부터 기쁜 소식이 담긴 이메일을 받았다.

고맙습니다. 생각해보니 아이가 두고 온 교재를 안 받아도 될 것 같아요. 아이가 캠프에서 많은 걸 배우고 돌아왔을 거라고 믿어요. 아이의 교재를 보려고 한 건 순전히 제 호기심 때문이었어요. 아이가 내 질문에 대꾸하기 싫어서 교재를 두고 온 것 같아요. 아이가 교재에 낙서하는 걸 좋아하거든요. 아마도 내가 그걸 보고 수업을 열심히 듣지 않았다고 꾸지람할까 봐 그런 것 같아요. 하지만 수업 내용은 여전히 궁금하네요. 죄송하지만 새 교재를 보내주실 수 있나요?

이메일을 받고 뛸 듯이 기뻐서 키보드 위에서 날아다니듯 빨리 답장을 썼다.

고맙습니다. 새 교재를 보내드릴게요! 아이에게 안부 전해주세요!

남의 선택이 마음에 들지 않는다고 불평할 때 우리는 상대가 왜 그런 결정을 내렸는지 곰곰이 생각해보았는가?

나는 이 일을 통해 어른과 아이 모두에게 똑같이 사고력 연습이 필요하다는 것을 알았다. 어른이라고 해서 반드시 아이보다 생각의 깊이가 깊은 것은 아니다. 생각의 씨앗이 가족 단위로 싹을 틔울 때 튼튼하게 자랄 확률이 더 높아진다.

자유로운 생각을 옭아매는 족쇄를 끊자

수업이 끝나면 학생들은 습관적으로 내게 묻는다.

"선생님, 교재를 교실에 두고 가도 돼요? 집에 갖고 가야 돼요?"

아이들은 아마 학교에서도 비슷할 것이다.

사실 나는 교재를 어디에 두는지에 관심이 없다. 외국에서 공부한 내게 그건 아주 사소한 일이기 때문이다. 내가 궁금한 건 아이들이 이 사소한 일을 스스로 결정할 수 있다고 생각하는지, 아니면 꼭 어른에게 물어봐야 한다고 생각하는지다.

만약 아이와 어른 모두 이 문제를 어른이 결정해야 한다고 생각한다면 나는 왜 그런지 묻고 싶다.

학생들이 오늘 배운 지식을 교실에 두고 갈 것인지, 집에 가지고 갈 것인지 선생님에게 물어볼 필요가 있을까? 만약 지식이 이미 머릿속에 들어 있어서 교실에 두고 갈 수 없다면 뭐 하러 교재를 집에 가지고 가야 할까? 어른들은 교재가 배움보다 더 중요하다고 생각하기 때문일까?

나는 어릴 적부터 이런 의문이 있었다. 교실에 있는 어른(물론 선생님이다)은 학생들이 조용히 질서를 지키는 것이 배움보다 더 중요하다고 생각하는 걸까?

영국의 저명한 교육학자 켄 로빈슨은 저서 《누가 창의력을 죽이는가You, Your Child, and School: Navigate Your Way to the Best Education》에서 내가 한 번도 생각해보지 않은 문제에 대해 얘기했다.

오늘날 우리가 생각하는 아동기는 상대적으로 최근에 생겨난 개념으로, 19세기 후반 유럽과 미국에서 그 형태를 갖추기 시작했다. 그 이전까지만 해도 어린아이들은 단지 체구가 작은 성인으로 간주되어 생활이나 노동에서 자신에게 주어진 역할을 다해야 했다. 이후 신체적으로 성숙해지면 으레 어른들의 일까지 떠안았다.

그는 또 이렇게 말했다.

나는 유니레버(Unilever)가 후원하는 한 국제 프로그램의 자문을 맡고 있다. '더러운 것이 좋다(Dirt Is Good)'라는 제목의 이 프로그램은 아이들의 바깥활동의 중요성을 설파하고 있다. 지난 2016년 3월에는 '아이들을 자유롭게(Free the Kids)'라는 캠페인으로까지 이어졌다. 이 캠페인의 목적은 아이가 홀로 맞닥뜨릴 수 있는 여러 가지 상황을 먼저 설명해주고, 그것을 충분히 경험할 수 있도록 부모가 기회를 제공하라는 것이다. 캠페인 진행팀은 전 세계 1만 2,000명의 부모를 대상으로 설문조사를 실시했다. 그 결과 아이들이 바깥에서 보내는 시간은 하루 평균 한 시간이 채 안 되는 것으로 나타났으며, 한 시간에 턱없이 모자라는 경우도 있었다. 이것은 국제법상에서 감시 강도가 가장 높은 수준의 교도소가 재소자에게 의무적으로 제공하도록 규정된 일일 바깥활동 시간보다도 낮은 수치다.

이 결과를 보고 켄 로빈슨은 아이들을 능력 있는 사람으로 기르기 위해 반드시 가르쳐야 하는 여덟 가지 능력을 강조하게 되었다. 바로 호기심, 창의성, 비평, 소통, 협력, 연민, 평정, 시민성이다. 나는 여기에 한 가지 중요한 능력이 빠져 있다고 생각한다. 바로 '차분함'이다.

아이들에게 이런 능력을 교육하는 것은 아이들 스스로 생각하는 법을 길러주기 위해서다. 적어도 교재를 교실에 두고 가야 하는지 집에 가지고 가야 하는지는 전혀 중요하지 않다. 어른에게 물어볼 필요가 없다. 만약 당신의 아이가 '교재를 집에 가지고 가야 하는지' 꼭 어른에게 물어봐야 한다고 생각한다면 그건 아이가 이미 통제에 심하게 길들여지고 속박당하고 있다는 증거다. 이때 어른인 우리는 "착하다"고 아이를 칭찬할 것이 아니라 우리가 끔찍한 잘못을 저지르고 있지 않은지 반성해야 한다. 100여 년 만에 겨우 찾은 '아동기'를 아이가 옷이 더러워질까 봐 걱정하고, 잘못을 저지를까 봐 걱정하고, 생각하는 것을 두려워하고, 스스로 결정하지 못한 채로 보내게 만들고 있는 것은 아닌지 말이다.

만약 그렇다면 우리 자신도 그런 족쇄에 묶여 있을 가능성이 크다. 우리도 역시 옷이 더러워질까 봐 걱정하고, 잘못을 저지를까 봐 걱정하고, 생각하는 것을 두려워하고, 스스로 결정하지 못하고 있는 것이다.

이렇게 세대를 이어 내려온, 우리의 자유로운 생각을 옭아매고 있는 족쇄를 어떻게 끊어야 할까? 정말로 그 방법이 생각나지 않는다면 "알로호모라!(해리 포터 시리즈에서 잠긴 문을 열 때 사용하는 주문-옮긴이)"라고 주문을 외쳐보자. 그러면 족쇄가 풀리고 굳어 있던 머리가 돌아가기 시작할지도 모른다.

어른도 조금씩 성장해야 한다

오스카 선생님의 철학 수업을 들은 한 수강생이 철학적 사고를 통해 아이와 소통하는 방식을 변화시킨 경험을 여기서 소개하고자 한다.

그는 이렇게 말했다.

내가 처음 오스카 선생님을 찾아간 건 몇 가지 일 때문에 심한 스트레스를 받은 뒤 외부 환경에 휘둘리지 않고 평정심을 유지할 수 있는 방법을 배우기 위해서였어요. 현실에 만족하고 감사히 여기며 살고 있다고 생각했는데 사실은 "나는 만족의 즐거움을 아는 사람이야. 현재에 감사할 줄 아는 사람이야"라고 나 자신을 끊임없이 세뇌하고 있었던 거예요. 오스카 선생님을 만나 철학상담을 한 뒤 내가 행복이라고 생각했던 것이 사실은 내가 진심으로 인정하고 받아들이는 행복이 아니었다는 걸 알았어요. 그걸 깨닫고 놀람과 희열의 눈물을 흘렸어요. 그러고 나서 생각하는 법을 다시 배우고 내 인생을 새롭게 살기 시작했어요.

오스카 선생님의 예리한 질문 방식은 늘 곤혹스러운 것을 더 곤혹스럽게 만들고, 의심 없이 당연하게 생각하고 있었던 것을 의심하게 만들죠.

대학에서 이공계를 전공하고 큰 포부도 없었어요. 철학과 전혀 관계없는 삶을 살아온 내가 오스카 선생님의 철학상담 수업을 듣게 되었죠. 쓸데없는 생각을 너무 많이 하는 습관을 버리고 제대로 생각하는 법을 배우고 싶었고, 그건 내 아이를 위한 일이기도 했어요. 아이가 자랄수록 내가 아이를 대하는 방식이 부족하다고 느꼈어요. 잠시 귀찮은 걸 모면하려고 거짓말로 아이를 어르고 넘어가거나 권위를 앞세우는 방식으로는 아이를 키우며 마주치는 수많은 문제들에 대응할 수 없었죠. 바로 그때 오스카 선생님을 만났어요. 학교가 아이에게 독립적으로 사고하고 판단하는 능력을 길러줄 수 없다면 부모가 직접 나서서 가르쳐야 한다고 생각했죠.

교육 과정이 끝난 뒤 어느 날 7학년에 다니고 있는 큰 아들이 자기 반에 또래보다 성숙한 친구가 있다고 내게 말했어요. 오스카 선생님의 수업을 듣기 전이었다면 나는 분명히 길게 생각하지 않고 이렇게 말했을 거예요.

"잘됐구나! 철들고 성숙한 친구들과 많이 사귀렴!"

하지만 논리적으로 사고하는 법을 배운 뒤에는 아이와 나의 대화가 달라졌어요.

나: 어떤 점에서 그 친구가 성숙하다고 느꼈니?

아들: 그 친구가 성인용 책과 영화를 많이 봐요. 그래서 반 친구들에게 자기가 본 책이나 영화 얘기를 자주 해요.

나: (냉정을 잃지 않으려 애쓰며) 성인용 책과 영화를 많이 보는 게 성숙한 행동이라고 생각해?

아들: ……. (생각에 잠긴다. 그렇다고 생각하지만 어떤지 꺼림칙한 표정이다.)

나: 그럼 성숙한 사람이 되려면 성인용 책과 영화를 많이 봐야 한다고 생각하니?

아들: ……. (다시 생각에 잠긴다. 약간 그렇게 생각하는 표정이다.)

나: 만약 아빠가 밖에서 온종일 사람들에게 성인용 책과 영화 얘기만 하면 넌 아빠가 성숙한 사람이라고 생각할까?

아들: 물론 아니죠!

나: 너도 성인용 책과 영화를 많이 보면 성숙해질까?

아들: 물론 아니죠!

나 : 아직도 그 친구가 성숙하다고 생각하니?

아들: 와! 아빠, 철학 수업 듣더니 대단해졌네요! 몇 마디로 나를 항복시켰어요!

아들의 말처럼 철학 수업을 듣고 난 뒤에 내가 변했어요. 비록 아직도 생각이 막힐 때가 많고, 수업 시간에 말문이 막히고 나도 모르게 동문서답을 하기도 하지만 내가 아주 천천히 변하고 있다는 걸 느껴요.

오스카 선생님에게 생각하는 법을 배우지 않았더라면 열세 살짜리 아이가 성인용 영화와 책을 많이 보는 것이 성숙함의 표현이라고 말했을 때 불같이 화를 내며 꾸짖었을 거예요. 하지만 철학 수업을 들었기 때문에 감정의 흔들림 없이, 꾸짖는 말도 한 마디 없이, 아이 스스로 성숙함의 의미를 생각하도록 만들 수 있었어요. 그러므로 철학을 배우고 생각하는 법을 배운 것은 나 자신을 위한 일일 뿐 아니라 내 아이를 위한 일이기도 했어요.

철학의 세계로 들어가는 것은 신비한 사고의 세계로 들어가는 것과 같다. 그 세계에서 만나는 모든 것이 신기하고 곤혹스럽고 또 놀라울 것이다. 나는 소설《반지의 제왕》에서 간달프가 회색 마법사에서 흰색 마법사로 바뀌는 이야기로부터 희망을 얻곤 한다. 불길을 뚫고 홍수를 건너는 시련을 겪어야 하는 것은 아니지만 오스카 선생님의 철학 수업이라는 달콤한 과수원에서 벌레에 깨물리고 나뭇가지에 쓸릴 준비는 해야 한다. 어깨에 둘러멘 바구니가 점점 묵직해질 무렵, 이렇게 딴 열매들이 다른 누구도 아닌 바로 내 것이라는 사실을 알았다.

자신의 해답은 자신만이 찾을 수 있다

한 고등학생이 내게 물었다.

"어린아이가 자기가 하는 일을 일일이 어른에게 물어볼 필요가 없다면 자기 생각이 '옳다'는 걸 어떻게 알 수 있어요?"

나는 이렇게 대답했다.

"꼭 옳은 생각만 해야 할까? 이성적으로 사고하는 자기 자신이 좋고, 자신의 이성적인 생각을 좋아한다면 그걸로 충분하지 않을까?"

아이의 알 듯 모를 듯한 표정을 보며 내가 짧은 한숨을 쉬었다.

"지금 네가 고민하고 있는 문제를 내게 질문해볼래?"

아이가 밝은 얼굴로 물었다.

"선생님이 쓰신 《아르바이트로 배낭여행을 떠나는 것보다 더 중요한 11가지 일》이라는 책을 읽었어요. 거기에 모은 돈을 전부 가지고 샌프란시스코로 유학을 떠난 친구의 이야기를 쓰셨잖아요. 용감하게 유학을 떠났지만 자신이 왜 유학을 떠나는지, 학비와 생활비는 어떻게 마련할지, 유학 후에 무엇을 할지 생각하지 않고 떠난 바람에 유학이 그의 인생에 아무런 도움이 되지 않았다고 하셨죠. 그런데 궁금해요. 많은 문제를 다 생각한 뒤에 유학을 떠나야만 인생의 가치가 높아질까요? 배수진을 치듯 과감한 결단을 내리는 게 제일 중요하지 않아요?"

"너 스스로 이성적으로 사고해서 그 질문의 해답을 생각해보렴. 한 가지 비밀을 알려줄게. 너의 해답은 너 스스로 생각해야만 찾을 수 있어. 네가 너 자신을 믿는다면 말이야."

내 말에 용기를 얻은 아이가 말했다.

"그런 문제를 미리 다 생각하면 자신이 진정으로 원하는 게 무엇인지 아니까 줏대 없이 흔들리지 않을 수 있겠죠. 현실적인 문제도 생각했으니까 실패하더라도 다른 무언가를 배울 수 있을 거고요."

"네가 생각해낸 그 해답이 마음에 드니?"

"네."

아이가 흡족한 미소를 지었다.

"마음에 드는 이유는?"

"제가 이런 해답과 방법을 생각해냈다는 사실이 자랑스러워요. 자신감을 얻었어요."

"생각해봐. 너 스스로 문제의 해답을 찾아낼 수 있는데 지금까지는 왜 어른에게 물어봐야 한다고 생각했을까?"

나는 아이가 객관적인 관점에서 자기 행동을 생각하도록 유도했다. 이것은 심리 상담에서 흔히 사용하는 '외재화(externalization)' 기법이다.

아이가 곰곰이 생각한 뒤 세 가지 이유를 말했다.

"첫째, 예전에는 자료를 찾고 질문을 하는 건 어른의 일이라고 생각했어요. 그런데 이제 보니 진정한 어른은 남에게 묻기만 하는 사람이 아니라 직접 문제 해결 방법을 생각하는 사람이었어요. 둘째, 내가 묻는 질문에 표준 답안이 있다고 생각했어요. 하지만 이젠 알았어요. 시험처럼 a, b, c, d로 대답할 수 있는 게 아니라는 걸. 예전에는 모르는 게 있으면 스스로 답을 생각하려고 하지 않고 선생님이나 친구들에게 물어보기만 했어요. 그래서 늘 남의 대답이 내 생각보다 좋다고만 생각했어요. 스스로 생각해낸 대답이 자신에게 제일 어울리는 대답이고 또 유일하게 중요한 대답이라는 사실을 몰랐어요. 셋째, 진정한 사고는 반복해서 고민하고 실행에 옮겨야 한다는 사실을 이제야 알았어요."

나는 아이의 대답에 진심으로 감탄했다.

"굉장히 훌륭한 대답이야!"

"이제 선생님의 대답을 얘기해주세요."

하지만 내 대답이 무엇인지는 더 이상 중요하지 않았다.

철학상담을 공부한 뒤 깨달은 것이 있다. 이성적인 사고방식을 갖게 된 뒤 그 사고방식을 이용해 남들이 고민의 해답을 찾도록 도와줄 수 있다는 점이었다.

다음은 철학적 사고가 갖추어야 하는 네 가지 조건이다. 이성적 사고를 거쳐서 나온 말이라면 이 조건에 부합해야만 한다.

철학적 대화법 1: 말하는 목적을 안다

말하는 것은 당연히 목적성이 있는 행동이다. 그런데 우리는 자기가 하려는 말의 목적이 무엇인지 정말로 알고 있을까?

오스카 선생님은 학생이 손을 들고 발언하려고 할 때 발언 기회를 주기 전에 먼저 이렇게 물었다.

"지금 하려는 게 질문인가요, 의견 발표인가요, 반박인가요? 아니면 다른 건가요?"

"질문을 하려고 합니다."

"좋습니다. 질문하세요."

"방금 전에 선생님이 수업이 끝난 뒤에 교재를 집에 가져갈 필요가 없다고 하셨는데 그렇다면 앞으로 교재는 필요 없나요?"

그러자 오스카 선생님이 그 학생에게 반문했다.

"지금 한 말이 질문인가요, 반박인가요?"

학생은 곰곰이 생각에 잠겼다. 질문하고 있다고 생각했는데 사실은 반박이었던 것이다. 하지만 이렇게 정확히 구분해서 묻지 않는다면 일상적인 대화에서 자기 말 속에 어떤 의도가 숨어 있는지, 남을 오도하고 있는지 모른 채 지나가게 된다. 물론 그런 방식의 소통은 효과가 없다. 말하는 사람은 자신의 문제를 전혀 모르고 모두 상대의 문제라고 생각한다. 따라서 말하기 전에 먼저 자기 말의 목적이 무엇인지 정확히 알아야 한다.

내가 모르는 일에 대해 상대에게서 그 해답을 구하려는 것인가?("자식이 애인을 사귀면 꼭 집에 데려와서 부모에게 보여주어야 하나요?")

이미 알고 있는 것을 남에게 확인받으려는 것인가?("애인을 사귀면 당연히 집에 데려와서 부모에게 보여줘야지! 안 그래?")

아니면 그저 '위안(consolation)'을 얻기 위한 말인가? 사실 나는 진실을 알고 있지만 진실을 계속 외면하기 위해 내가 듣고 싶은 말을 남이 해주길 바라기 때문인가?("내 아들은 부모와 사이가 좋으니까 애인을 사귀면 반드시 집에 데려와서 우리에게 보여줄 거예요. 물론 여자 친구죠. 남자 친구일 리 없어요. 내가 낳은 자식은 내가 제일 잘 알아요!")

자기가 말하는 목적을 모른다면 그 말은 가치 없는 말이다.

철학적 대화법 2: 목적을 이루는 법을 안다

자기가 하고 싶은 말만 하고 자기 말이 끝나면 소통의 목적이 달성되었으니 상대가 '행동해야' 한다고 생각하는 사람들이 있다. 부모가 아이에게 말할 때 흔히 저지르는 실수다.

"지금 네가 샤워해야 할 때라고 생각하지 않니?"

부모는 이렇게 말한 뒤 아이가 마치 명령이 입력된 로봇처럼 곧바로 행동해야 한다고 생각한다. 하지만 자신의 말이 실행에 옮겨지려면 최소한 5단계를 거쳐야 한다는 사실을 알아야 한다.

1단계: 부모는 자신의 말이 '질문'의 형식이라는 것을 전혀 모르고 있다. 하지만 질문이라면 그에 대한 응답을 듣는 것이 우선이다.

2단계: '질문'이라면 아이가 질문을 완전히 '알아들었는지' 확인해야 한다.

3단계: 알아들었다는 걸 확인한 뒤에야 아이의 '동의' 여부를 알 수 있다. 아이가 동의하지 않고 "나는 지금이 샤워하러 갈 시간이라고 생각하지 않아"라고 대답한다면 이것은 부모에게 반항하려는 것이 아니라 질문에 대한 정상적인 대답이다.

4단계: 아이가 '동의'한다면 '실행'에 옮기겠지만, 동의하지 않는다면 실행에 옮기지 않는 것도 정상적인 반응이다.

5단계: 설사 실행에 옮겼더라도 '효과가 있는지' '효과가 없는지' 구분해야 한다. 모든 행동이 효과가 있는 것은 아니며, 효과가 없는 행동이 있는 것도 정상적인 일이다.

부모가 '가짜 질문'의 형식으로 포장했지만 정말로 하고 싶었던 말은 '명령'이기 때문에 오로지 긍정적인 답만 받아들일 뿐 부정적인 답을 받아들일 수 없는 것이다. 그러므로 자신이 아이에게 명령하려고 한다는 걸 안다면 부모는 직접적으로 "지금 바로 샤워해"라고 말해야 한다.

가짜 질문을 하면서 상대가 자신이 듣고 싶은 대답만 하길 바라거나, 아예 대답할 필요도 없이 자신이 원하는 행동을 하길 기대해서는 안 된다.

철학적 대화법 3: 무슨 말을 하고 있는지 안다

부모가 아이에게 직접적으로 "지금 바로 샤워해"라고 말하면 아이가 반발할 수 있다. 아이는 아마 이렇게 말할 것이다.

"이건 독재예요!"

그러면 부모는 이렇게 말할 것이다.

"독재가 아니라 널 위해서 그러는 거야."

이성적으로 사고할 줄 모르는 사람은 이 두 마디 대화의 충돌점이 어디인지도 파악하지 못할 것이다.

얼핏 보면 단순한 일상 대화 같지만 '권위'와 '위세'의 차이 때문에 충돌한 것이다. 이 문제를 해결하지 못하면 얘기해봤자 논쟁을 일으키고 서로 감정만 상할 뿐이다. 이성적으로 사고할 줄 아는 사람은 먼저 자신이 권위와 위세의 차이를 알고 있는지 생각해야 한다.

위세는 군주정치, 봉건제도 같은 독재 체제에서 사용하는 것이다. 권력으로 사람을 통제하고 위협한다. 국가든 가정이든 아무리 인자한 국왕이나 부모라도 자기 이익을 위해 사람을 지배하고 지휘하고 통제한다면 모두 독재다.

하지만 권위는 민주정치의 일부다. 사회의 질서를 유지하고 모든 사람이 좋은 교육을 받고 즐겁게 살기 위해서는 관리가 필요하다. 그러므로 가정의 부모, 학교의 교사, 사회의 경찰, 법관, 정부의 행정 시스템은 권위를 가져야 한다. 그들이 권위를 가지고 사람들을 지휘하는 것은 자기 이익을 위해서나 남을 통제하기 위해서가 아니라 전체의 발전과 평화를 위한 것이다.

한마디로 권위와 위세의 차이는 자신을 위한 것인지, 전체를 위한 것인지에 있다.

아이가 부모에게 독재적이라고 말하는 것은 부모가 부모 자신을 위해 위세를 휘두른다고 생각하기 때문이다. 하지만 부모는 아이에게 지금 샤워를 하는 것은 가족 전체를 위한 일이라고 말한다. 마치 경찰이 질서를 유지하는 것처럼 말이다.

둘 중 누가 맞는 걸까? 부모가 위세를 휘두르는 것인지 권위를 사용하는 것인지를 판단하려면 아이에게 지금 샤워하라고 하는 것이 부모 자신을 위한 것인지 가족을 위한 것인지 알아야 한다.

부모의 명령이 자신의 편리함을 위한 것이라면 아이의 말이 옳다. 그건 '독재'이며 부모 자신만 모르고 있거나 인정하지 않는 것이다.

만약 그것이 가족 전체를 위한 일이라면 지금 샤워를 하지 않으면 가족 전체에게 어떤 영향을 미칠 수 있는지 얘기해야 한다. 그래야 아이는 부모가 위세가 아니라 권위를 사용하고 있다는 것을 알 수 있다.

철학적 대화법 4: 상대의 감정에 공감한다

이성적으로 생각할 줄 아는 사람이라면 아이가 지금 샤워하기를 바랄 때 어떻게 말할까?

"내가 아이라면 부모가 어떻게 말해주길 원할까?"

부모는 아이에게 샤워하라고 말하기 전에 스스로 이 질문에 대답해야 한다.

상대가 자신에게 위세를 휘두르는 걸 좋아하는 사람은 없지만 그것이 위세가 아니라 권위라면 받아들일 수 있다. 모든 사람이 교통신호를 지키듯이 말이다. 하지만 누군가 특권을 가지고 자신의 편의나 이익을 위해 신호등의 신호를 마음대로 바꾸는 것은 받아들일 수 없다.

부모가 자기 감정에 따라 갑자기 아이에게 당장 샤워하라고 시킨다면 그건 신호등을 언제든 바꿀 수 있는 리모컨을 사용하는 것과 같다. 그러면 아이는 그 말을 듣고 불공평하다고 느낄 것이다. 어떻게 해야 아이가 공평하다고 느낄 수 있을까?

우리는 보통 자기 스스로 결정할 수 있을 때 불공평하다고 느끼지 않는다. 그러므로 부모가 "너 스스로 결정할 수 있지만 네가 언제 샤워를 할 건지 알려줄 수 있겠니?"라고 물어볼 수 있다.

또 교환 조건이 있다면 반드시 등가교환이 아니라도 불공평하다는 생각이 크게 줄어들 것이다. 부모가 "오늘 내가 결정할 수 있게 해준다면 내일은 너 스스로 결정할 수 있게 해줄게"라고 말하는 것도 좋다.

말을 하기 전에 먼저 듣는 사람의 입장에서 자기가 하려는 말을 '들어본다면' 상대의 반응을 쉽게 예상하고 자기 말의 내용을 적절히 조정할 수 있다.

철학상담의 기술을 사용해 자신이 말하는 목적을 알고, 어떻게 하면 그 목적을 달성할 수 있는지 또 자신이 무슨 말을 하고 있는지 확실하게 알고 있으며, 듣는 이의 입장에서 사고한다면 차분하고 순조롭게 소통하고 기대했던 반응을 얻으며 말의 효과를 높일 수 있을 것이다.

8장

가까운 사람과
대화하는 법을 배운다
─가족과 친구에게 배우는 말하기

KEYWORD

가까운 사람과 대화하는 법

☐ 선입견을 버리고 기회가 오직
  한 번뿐인 것처럼 대화하라

☐ 대화의 목적을 이해하라

☐ 신뢰하라

☐ 협력하라

☐ 안전한 공간을 만들라

☐ 서로 영향을 주고받아라

☐ 함께 배우라

☐ 기록하라

아는 사람과 대화하기가 더 어렵다

모르는 사람과 대화하는 것도 어렵지만 사실 아는 사람과 대화하는 것이 더 어렵다.

연세가 지긋하신 분들이 인생의 지혜라는 명목으로 인맥의 중요성에 대해 얘기하며 "아는 사람을 찾아가면 문제를 해결하기가 쉽다"고 말할 때마다 나는 그것이 절반만 옳은 말이라고 생각한다.

외향적이고 사람 사귀기를 좋아하거나 사업을 하는 사람이라면 그 말이 옳다. 아는 사람을 찾아가면 서로 '관문'을 넘은 것이기 때문이다. 하지만 나는 그런 것을 느낄 수가 없다. 휴대전화를 살 때, 피트니스 센터 회원권을 신청할 때, 의사에게 진료를 받을 때는 아는 사람이 있을 때와 없을 때 별로 차이가 없기 때문에 굳이 아는 사람을 찾아갈 필요가 없다.

내성적인 나는 어떤 문제를 해결할 때든 차라리 모르는 사람과 얘기하는 것이 낫다고 느낀다. 단순한 예로 한밤중에 고객센터에 전화를 걸거나 온라인 고객센터를 통해 문제를 해결할 때, 상대가 완전히 모르는 사람이어야 감정을 개입시키지 않고 내 문제가 무엇인지 분명하게 설명하고 그에 대한 정확한 답을 얻을 수 있기 때문이다.

낯선 사람보다는 아는 사람에게 자신의 생각을 얘기하는 것이 더 쉽다고 말하는 사람이 많지만 나는 정반대다. 아주 잘 아는 가족이나 친구에게는 무슨 얘기를 하든 이미 너무 늦었다는 느낌이 들기 때문이다.

그들은 이미 오래전부터 나에 대한 선입견과 인상을 가지고 있다. 예를 들면 그들은 나에게 이런 꼬리표를 붙여서 생각한다. 말린 망고를 좋아하는 사람, 거만한 사람, 어떤 외국어든 빨리 배우는 사람, 국제 자원봉사자, 냉동 보드카를 좋아하는 사람, 아무것도 정해놓지 않고 자유롭게 여행하는 사람, 자이(嘉義) 사람 등등.

이런 생각을 할 때마다 저절로 긴 한숨이 나온다.

"휴, 세상 살기가 참 힘들구나!"

지금 말하지 않으면 나중에는 더 말하기 힘들다

어릴 때부터 내성적이고 수줍음 많고 과장해서 말하는 것을 좋아하지 않는 나는 내게 매달린 이런 꼬리표와 선입견을 대할 때마다 자기 자신으로 살면서 솔직하게 말하는 것이 아주 힘든 일이라고 느낀다.

수줍음 많은 사람들은 자기 생각을 솔직히 말하지 않고 회피하는 경우가 많다. 하지만 시간이 흐를수록 그로 인한 커다란 대가를 치르게 된다.

예를 들면 나는 그저 충돌을 피하기 위해 남이 준 말린 망고를 거절하지 않고 좋아하는 척했을 뿐인데, 그런 일이 한두 번 반복되면 사람들은 내가 정말로 말린 망고를 좋아하는 줄 알고 각종 말린 망고를 내게 선물한다.

사실 나는 망고는 좋아하지만 말린 망고는 좋아하지 않는다. 내가 처음에 의사표현을 분명히 하지 않은 탓에 거의 모든 가족과 친구들이 내게 말린 망고를 선물하며 즐거워한다. 나는 내 싱크대 수납장 한쪽을 차지하고 있는, 이미 검게 변하고 심지어 곰팡이가 날 만큼 오래된 말린 망고 수십 봉지를 볼 때마다 절로 한숨이 온다. 하지만 그것들 모두 누군가의 호의를 담고 있다. 이제 와서 갑자기 내가 말린 망고를 좋아하지 않는다고 솔직히 말한다면 그동안 내 생각을 솔직히 말하지 않았던 걸 어떻게 설명한단 말인가?

"쇠고기를 좋아한다고 해서 반드시 쇠고기 육포를 좋아하는 건 아니야! 안 그래?"

싱크대 수납장 안에서 계속 늘어만 가는 말린 망고를 볼 때마다 나는 속으로 이렇게 외치지만 처음부터 솔직히 말하지 않은 나를 탓할 수밖에 없다.

"하지만 이건 사람들이 나를 생각해서 선물해준 거잖아!"

늘 이렇게 긍정적인 생각으로 나를 위로할 수밖에 없다.

하지만 그저 솔직히 말하지 못했다는 이유로 평생 동안 말린 망고에 파묻혀 살아야 한다는 생각을 하면 내 몸속의 혈관 하나가 '노(no)'라고 말하지 못하는 나의 '긍정적 사고'에 꽉 막혀 있는 것 같은 기분이 든다. 게다가 나 스스로 막아버린 혈관은 말린 망고 하나뿐만이 아니다.

처음부터 확실하게 말해야 한다

내게 붙어 있는 모든 꼬리표와 선입견 중에 일리가 있는 것도 있지만 잘못된 것도 있다. 내가 그 잘못된 부분을 즉시 바로잡지 않은 탓에 사람들이 그걸 사실이라고 믿게 된 것이다.

예를 들면 내가 남들보다 외국어를 빨리 배운다는 건 사실이 아니다. 그저 내가 배우고 싶은 외국어를 공부하는 효과적인 방법을 찾아내 열심히 공부하는 것뿐이다. 실제로 공부하는 과정만 보면 남들보다 전혀 빠르지 않다.

또 나는 '국제 자원봉사자'가 아니라 '국제 NGO에서 근무하는 활동가'다. 이 둘 사이에 차이가 없다고 생각할 수도 있지만 자원봉사자와 보수를 받고 일하는 직원은 엄연히 다르다.

내가 냉동 보드카를 좋아한 건 대학 시절 아주 잠깐이었고 그 후로는 보드카를 입에 댄 적이 없다. 하지만 어떤 책의 작가 소개에 그 내용이 한번 들어간 뒤로 인터넷에서 나에 대해 검색하면 그 내용이 사실처럼 들어가 있다.

내가 여행을 좋아하는 것은 사실이지만 아무것도 정해놓지 않는다는 것은 일반 사람들이 여행자는 그럴 거라고 마음대로 추측하는 것이다.

내 고향이 자이라는 것은 더 황당하다. 예전에는 대만 신분증에 '본적'이라는 것이 적혀 있었다. 본적은 반드시 아버지의 것을 따르도록 규정되어 있었다. 아마도 우리 아버지가 어릴 적에 자이에 살았던 것 같다. 그래서 아주 오래전에 국립도서자료관의 작가 자료 중 본적에 '자이'라고 적었다.

나중에 이 규정이 폐지되고 나도 그 일을 잊어버렸는데 나중에 초등학교 국어 교과서에 내 글이 수록되고 난 뒤 작가 소개에 "추스잉, 자이 출신"이라고 적혀 있는 것을 보고 깜짝 놀랐다. 하지만 내성적인 성격 때문에 출판사에 삭제나 수정을 요청하지 못했다. 어차피 한 번뿐이니 보는 사람이 별로 없을 것이라고 생각했다. 그런데 중학교 교과서, 초등학교 교과서, 심지어 보충학습 교재에까지 내 글이 연달아 수록되었고 그때마다 "추스잉, 자이 출신"이라는 글귀가 작가 소개의 제일 앞에 등장했다.

하루는 누나가 출판사에서 보낸 교과서를 보다가 고개를 획 들고 내게 물었다.

"어머, 너 자이 사람이야?"

나는 그제야 우리 가족 중에 나만 자이 출신이라는 놀라운 사실을 알았다!

내가 누나에게 반문했다.

"누나는 아니야?"

"난 가오슝 사람이지!"

"뭐라고? 그럼 다른 친척들은?"

"잘 모르지만 큰아버지 댁은 온 가족이 타이난(臺南) 사람이라고 말하던데."

"뭐라고? 우리가 한 가족이 아니야?"

"일본 통치기에 자이의 행정구역이 '타이난주'였잖아. 그래서 큰아버지 댁은 그때부터 타이난 출신으로 등록되어 있어."

누나의 말에 나는 큰 충격을 받았다.

사람들의 신분증에 본적이 사라지고 자기 출생지만 기재하도록 바뀐 뒤 대만에 있는 내 가족들은 가오슝 사람이나 타이베이 사람이 되고, 친척들은 타이난 사람이 되었다. 어쨌든 우리 가족 중 나만 자이 사람으로 알려진 것이다! 게다가 추스잉이 자이 출신이라는 사실이 대만의 모든 초등학교와 중학교 교과서에 계속 실렸다. 만약 시험 문제에 등장한다면 내가 자이 사람이라고 답을 쓰지 않은 학생은 감점될 것이다.

그 일을 계기로 나는 상대가 잘 아는 사람이든 모르는 사람이든 처음부터 확실하게 말하지 않으면 그 후에는 빼도 박도 못 하는 기정사실이 된다는 것을 알았다. 처음부터 확실하게 말하는 것이 정말 중요하다!

도미노 효과를 경험한 뒤 나는 걱정이 생겼다. 나이가 들어가면서 인간관계에 이렇게 막힌 곳이 점점 늘어나다가 어느 순간 뇌출혈이나 중풍이 발생하면 어떻게 하지?

그래서 내 감정이 막힌 곳을 살펴보며 내가 가장 사랑했던 '긍정적 사고'가 그곳을 막고 있는 건 아닌지 생각해보기 시작했다. 그리고 말해야 하지만 계속 말하지 않고 있던 것들을 말해야 할 때가 왔다고 생각했다. 더 이상 상대에게 상처를 줄까 봐 내 감정을 감추는 일은 하지 않기로 결심했다.

메신저 대화방의 불편한 경험

제일 처음 시작한 건 나의 라인(LINE) 대화방이었다. 라인을 첫 타깃으로 잡은 건 내가 가장 쉽게 흥분하고 부정적인 감정이 격해질 때가 바로 각종 대화방에 새로 올라온 대화를 읽을 때였기 때문이다.

대다수 사람들처럼 내 라인에도 가족 대화방, 현재 동료 대화방, 학교 동창 대화방, 동호회 대화방 등 여러 대화방이 있다. 그런데 그중 몇 개는 오랫동안 들어가지 않아서 읽지 않은 메시지가 수백 개나 쌓여 있다. 특정 대화방의 내용을 보지 않겠다는 나의 저항인 셈이다. 읽어봐야 대부분 혈압만 상승시키는 공유 내용들이 대부분이기 때문이다.

그중 가장 심각한 건 예전에 근무했던 방송국 동료들의 대화방이다. 그 방송국은 정당과 국가가 분명하게 구분되지 않았던 기형적인 시대의 산물이다. 다행히 지금은 이미 사라졌다. 하지만 몇 년 전 정보통신 기술의 비약적인 발전 덕분에 예전에 함께 일했던 동료들이 온라인상에서 다시 만났다. 당시 좋은 동료였던 이들이 세계 각국에 흩어져 살면서도 대화방을 통해 연락을 주고받을 수 있었다.

그런데 얼마 후부터 과거 고위 임원이었던 몇 사람이 대화방을 주도하기 시작했다. 그들은 이미 오래전에 은퇴했지만 스스로 언론인이라는 자부심을 잃지 않고 있었고, 여전히 구시대에 살고 있었다. 매일 하루 종일 분노와 차별로 똘똘 뭉친 정치, 반일, 반중 의견이나 편협한 종교적 관점, 근거 없는 가짜 뉴스를 대화방에 올렸다. 처음에는 그들이 실제 근거를 중요하게 여기는 인터넷 시대의 관습에 익숙지 않다고 생각해서 내가 찾은 사실 정보를 그 아래 공유했다. 선배들이 정확한 정보를 얻을 수 있길 바라는 순수한 마음이었다. 그런데 얼마 지나지 않아 내가 너무 순진했다는 걸 알았다. 그 선배들은 자신이 보고 싶은 정보만 볼 뿐 진실이 무엇인지에는 관심이 없었다. 결국 나만 헛수고한 셈이었다.

나는 같은 대화방에 있는 친한 친구 샤오차오(小草)에게 이렇게 말했다.

"그런 걸 볼 때마다 난감해. 대화방에 진지한 글을 올릴까? 가짜 뉴스를 계속 올리는 선배들에게 그런 것들이 이 시대에 맞지 않고 볼 때마다 불편하다고 말하고 싶어. 어떻게 생각해?"

그런데 온화하고 겸손한 성격의 샤오차오가 단호한 말투로 말했다.

"지식은 그런 데다 쓰는 게 아니야."

뜻밖의 대답에 말문이 막혀서 화제를 돌리고 대화를 대충 끝냈다.

예전에 좋은 친구였던 그와 나는 그 후로 연락을 하지 않았다. 1~2년이 훌쩍 지난 어느 날 무심코 휴대전화 주소록을 넘기다가 그의 이름이 눈에 들어왔지만 연락할까 말까 망설였다.

부정적인 감정을 털어놓아라

이틀 동안 고민한 끝에 절교해도 어쩔 수 없다는 심정으로 샤오차오에게 내 생각을 솔직히 얘기하기로 했다.

샤오차오에게 이런 메시지를 보냈다.

샤오차오, 오랫동안 마음에 담아두었던 얘기를 하려고 해. 1~2년 동안 네게 연락할 수가 없었어. 네가 했던 말에 큰 상처를 받았기 때문이야. 네가 기억할지 모르겠지만, 예전에 너에게 대화방에 있는 선배들의 가짜 뉴스에 대해 얘기했을 때 네가 단호하게 내 말을 끊으며 "지식은 그런 데다 쓰는 게 아니야"라고 말한 적이 있어.

그때 네 말에 동의할 수가 없었어. 내가 지금껏 공부한 건 유연한 처세술을 가진 사람이 되기 위한 게 아니라 내 의견을 용기 있게 말하는 사람이 되기 위한 것이었어. 네가 한 말에 즉시 반박하지는 않았지만 계속 마음에 남아 있었어.

그러다가 어제 회의에서 그 선배들 중 한 분을 만났어. 예전 방송국의 임원이었던 분이지. 그 선배와 예전 이야기를 나누다가 네게 이 얘기를 하기로 결심했어. 내가 네 말에 동의하지도 않고 받아들일 수도 없다는 걸 말이야. 무지할 수는 있지만 진실을 외면하는 건 옳지 않은 일이라고 생각해. 그래서 네가 그런 말을 한 것도 옳지 않다고 생각했고 사실 네게 실망했어.

음. 결국 말하고 말았구나.

이게 내가 하고 싶은 얘기야.

전송 버튼을 누르며 심장이 미친 듯이 두근거렸다. 그렇게 긴장된 건 처음이었다. 다른 사람들에게는 별것 아닌 내용일 수도 있지만 부정적인 감정을 솔직하게 표현하는 데 익숙지 않은 내게는 엄청난 용기를 낸 것이었다.

불안한 하루를 보낸 뒤 샤오차오의 답장이 도착했다.

갑자기 네 연락을 받고 깜짝 놀랐어. 그런 일이 있었는지 잘 기억나지 않아서 생각할 시간이 필요했어.

우선 미안하다고 사과할게. 고의로 상처를 주려고 한 말은 아니지만 내 표현 방식과 내용 때문에 네가 상처받았다면 내 잘못이야. 정중히 사과할게. 내 사과로 네 마음이 풀리면 좋겠어.

그때 그런 대화를 했던 게 기억났어. 그날 네가 선배들이 대화방에 올린 내용에 대해 얘기했고 내가 너에게 대답했어. (뭐라고 했는지 정확히 기억나진 않지만 어떤 마음으로 대답했는지는 기억나.) 사실 너를 다독이고 위로하려고 했어. 선배들이 그러는 건 그냥 내버려두라고 말이야. 신경 써봐야 소용없으니까. 그분들의 자유의지니까 고칠 수도 없고 그들을 변화시키는 건 더 불가능하다고 생각했어. 내가 '지식'이라고 표현한 건 그때 선배들의 행동을 심하게 비판하고 마치 선배들을 깔보는 듯한 너의 태도가 거슬렸기 때문이야. 그래서 너에 대한 실망감에 '본능적으로' 몇 마디 했던 거야.

내 본심은 절대로 그렇지 않아. 네가 감정을 솔직히 얘기해줘서 내가 널 지지한다는 사실을 알려줄 기회가 있었으면 좋겠다고 생각한 적도 있어. 결국…… 그럴 수 없었지만 말이야.

우리 우정을 이렇게 진지하게 생각해줘서 고마워. 정말 고맙고 기뻐. 네가 먼저 용기를 내줬으니 나도 오랫동안 담아두었던 얘기를 해볼게.

너를 만날 때마다 사실 속으로 많이 불편했어. 네가 나를 싫어하는 것처럼 보였거든. 심지어 날 구박하며 재미있어 하는 것 같았어. 가끔 널 만날 때마다 겉으로는 아무렇지 않게 대했지만 속으로는 불만이 계속 쌓여갔지.

네가 내게 왜 그러는지 이해할 수가 없어서 수없이 생각했지만 묻지 않기로 했어. 내겐 너와 소통할 능력이 없다고 생각했거든. 너와 대화할 때마다 왠지 주눅 들고 불편했고, 그러다가 나중에는 우리가 서로 다른 세상에 살고 있다는 걸 받아들이게 됐어.

자신을 변호하지 말고 변화시키라

샤오차오의 답장을 받고 기쁘면서도 가슴이 아프고 또 동시에 고마웠다. 기뻤던 건 드디어 1~2년 동안 가슴에 담아두었던 부정적인 감정을 털어놓았기 때문이었다. 어려서부터 안 좋은 감정은 누르고 늘 밝은 모습만 보여주어야 한다는 강박관념을 갖고 있던 내게 그건 아주 커다란 사건이자 발전이었다. 내가 솔직하게 털어놓은 덕분에 샤오차오의 본심을 알게 되었다는 사실이 더욱 기뻤다.

가슴이 아팠던 건 나와 샤오차오가 더 이상 친한 친구로 지낼 수 없다는 사실을 확인했기 때문이었다. 비록 1~2년 동안 연락하지 않았다는 사실이 분명한 증거이기는 했지만, 나는 그걸 입 밖에 내서 말하지만 않으면 여전히 좋은 친구인 척할 수 있다고 생각하고 있었다. 외면하고 있던 진실을 확인하고 나자 몹시 가슴이 아팠다.

고마웠던 것은 샤오차오가 마침내 나의 단점을 솔직히 지적해주었다는 점이었다. 나는 샤오차오가 줄곧 나의 태도를 불편해하고 내가 자신을 싫어한다고 느꼈다는 사실을 정말 모르고 있었다. 그의 감정도 내 감정만큼 솔직하고 가치 있는 것이므로 내 표현 방식이 주위 사람을 불편하게 하는지 반성하기 시작했다. 내게 필요한 건 나를 변호하는 것이 아니라 나 자신을 변화시키는 일이었다.

오스카 선생님이 자주 했던 얘기를 떠올렸다.

"자신의 단점을 정확히 알고 싶다면 옛 애인에게 물어보세요! 아마 흔쾌히 얘기해줄 거예요. 다른 누구보다 그들의 얘기가 가장 정확하답니다."

샤오차오에게 내 솔직한 감정을 털어놓은 뒤에도 우리의 우정이 회복되지는 않았지만, 그때의 행동을 조금도 후회하지 않는다. 그 일을 계기로 부정적인 감정을 솔직히 표현하는 법을 배웠기 때문이다.

가까운 사람과 대화하는 법

나이가 들고 활동 범위가 넓어질수록 가까운 사람들과 대화하는 시간과 횟수가 점점 줄어든다. 익숙한 사람들과 대화할 때도 말하는 방식에 주의하는 것은 쉽지 않은 일이다. 하지만 처음 만나는 사람과 대화하는 법만 알고 정작 제일 중요한 사람과 대화하는 법을 모른다면 그것도 말이 안 되는 일이다. 다음의 몇 가지 방법을 익힌다면 가깝고 중요한 사람들과 대화할 때 도움이 될 것이다.

첫째, 선입견을 버리라.

서로 잘 아는 사이일수록 대화할 때 거리를 유지하고 호기심을 가져야 한다. 상대가 무슨 생각을 하는지 다 알고 있다고 착각하거나 상대가 어떤 사람이라고 미리 단정하는 것은 위험하다.

"또 시작이군……."

"넌 항상 이런 식이야……."

이런 말은 '열려라 참깨'와는 정반대로 상대의 마음의 문을 꽁꽁 닫아버리는 마법의 주문이라는 걸 잊어서는 안 된다.

둘째, 말하는 목적을 분명하게 알라.

대화의 주인공이 누구인지 정확히 알고 있는가? A가 B를 찾아와 먼저 대화를 시작했다면 A가 이 대화의 주인공이며 A가 대화의 중심이 되어야 한다는 걸 잊어서는 안 된다. 설사 대화의 주제에 대해 B가 더 많은 걸 알고 있다고 해도 B가 마음대로 대화를 주도하고 상대를 자기 쪽으로 이끌려고 해서는 안 된다.

가까운 사람과 대화를 나눌 때 특히 사람과 사람 사이의 기본적인 예절을 잊고 상대의 말을 진지하게 듣지 않는 실수를 저지르기 쉽다. 이렇게 하면 상대는 친근감을 느끼기는커녕 존중받지 못한다는 느낌만 받게 된다.

셋째, 신뢰하라.

상대가 스스로 생각하고 옳은 결정을 내릴 수 있다는 걸 믿어야 한다. 상대를 가르치듯 얘기하는 것은 절대 금물이다. 상대를 위한 호의라는 허울로 "이 일은 이렇게 해야 돼"라고 지적하고 가르치는 것은 상대를 믿지 못한다는 걸 보여줄 뿐이다. 정말로 상대를 믿는다면 그를 대신해 결정을 내리지 말고 상대가 생각할 수 있도록 도와주어야 한다.

넷째, 협력하라.

가까운 가족이나 친구와 대화하는 것은 서로의 에너지를 충전하기 위해서지 사기를 깎아내리기 위해서가 아니다. 상대의 동반자이자 협력자로서 상대가 더 깊이 있게 생각하고 더 분명하게 표현할 수 있도록 도와주어야 한다.

"몇 년 전에도 비슷한 일이 있었잖아. 네가 그때 어떻게 해결했는지 생각해봐."

이런 말은 서로를 잘 아는 사람만이 해줄 수 있는 매우 가치 있는 조언이다. 상대를 대신해 결론을 내리지 말고 상대가 기억을 되살리고 사고를 확장할 수 있도록 도와주어야 한다.

다섯째, 안전한 공간을 만들라.

친한 사람과 대화할수록 자유롭게 표현할 수 있어야 한다. 하지만 우리는 종종 권위를 앞세워 상대가 자신과 소통하기 어렵게 만든다. 그러다 보면 결국 상대는 소통을 아예 포기하게 된다.

"내 뱃속으로 낳은 너를 내가 왜 모르겠니?"라는 말을 "넌 내가 낳았지만 그렇다고 해서 내가 너에 대해 다 아는 건 아니야"라는 말로 바꾸기 위해서는 가장 가까운 사람과 대화하는 기술이 필요하다.

여섯째, 서로 영향을 주고받아라.

아이는 부모의 거울이다. 우리가 말하는 방식은 어릴 적부터 부모가 우리에게 말해온 방식으로 결정된다. 그러므로 부모와 아이의 대화 방식은 매우 중요하다.

평소 대화 습관은 가족 간에 서로 전염된다. 집에서 대화하는 방식과 밖에서 대화하는 방식이 완전히 다르면 정확한 소통이 이루어지지 않고, 그럴수록 가족과 나누는 대화의 가치가 떨어질 수밖에 없다.

일곱째, 함께 배우라

부모와 아이 양쪽 모두 대화를 통해 서로에게서 배워야 한다. 한쪽이 일방적으로 의견을 말하고, 다른 한쪽은 일방적으로 듣기만 하는 관계가 되어서는 안 된다. 어른이라고 해서 모든 것을 아이보다 더 잘 알 필요도 없고, 더 잘 알 수도 없다. 하지만 뭐든 다 아는 것처럼 행동해야 집에서 위신을 세울 수 있다고 생각하는 부모들이 많다. 그래서 잘 모르는 주제에 대해 아는 척하거나 자기가 모르는 것이면 무조건 반대하고 배척한다. 그들은 그것이 자신의 존엄성을 지키는 방법이라고 생각하지만 실제로는 세대 차이를 더 깊게 만들 뿐이다.

잘 아는 사람들끼리 대화할 때 좋은 점은 잠시 체면을 내려놓고 자신이 모르는 것을 인정하고 배울 수 있다는 점이다.

여덟째, 기록하라.

내가 하는 말을 상대가 경청하고 중요하게 여기고 있다는 걸 알면 우리는 더 진지하게 말하게 되고, 다음번 대화에서는 더 좋은 얘기를 하려고 노력하게 된다. 그러므로 매번 대화한 뒤에 상대가 한 얘기의 요점을 정리해 메신저로 보내주거나 대화방에 올려서 공유하는 것이 좋다.

이렇게 간단한 기록을 통해 서로의 오해를 줄일 수 있을 뿐 아니라, 나중에 함께한 경험들을 돌이켜보며 서로의 정을 돈독하게 다질 수도 있다.

가장 중요한 사람들과 대화하는 법을 아는 것은 자기 자신에게 주는 최고의 선물이다.

9장

갈등을 해결하는
법을 배운다

ㅡNGO 업무로 배우는 말하기

KEYWORD

갈등이 생겼을 때 말하는 원칙

★ 감정적인 발언을 하지 말 것

★ 타협을 위해 자신의 마지노선을 포기하지 말 것

★ 생각을 분명히 정리한 뒤에 말할 것

★ 타협을 위해 최고의 목표를 포기하지 말 것

★ 현지화할 것

★ 경제적 효율과 경제적 원칙에 맞게 할 것

★ 상대가 협상 테이블에 앉고 싶게 만들 것

★ 행간의 의미에 귀를 기울일 것

갈등은 반복된다

"사회가 왜 이렇게 변했지?"

사회적인 갈등이 생길 때마다 사람들은 한숨지으며 이렇게 말한다. 어쩌면 당신도 오늘 이런 말을 했을지도 모르겠다.

뉴스와 인터넷에서 수많은 갈등과 분쟁 사건을 접할 수 있다. 사회가 선거 때문에 분열되고, 바다거북의 입 안에 걸린 비닐봉지를 꺼낼 때 바다거북의 눈에서 눈물이 흐르고, 동물보호단체가 불법 사냥꾼에게 잡혀 상처 입은 동물들을 구하고, 미성년자가 전 여자 친구의 애인을 죽이는 일도 있으며, 묻지 마 살인 사건이 벌어지기도 한다. 또 어떤 이들은 인터넷의 악성 댓글 때문에 자살하고, 외국인 노동자가 고용주에게 성폭행을 당하고,

학교에서 총격 사건이 벌어지고, 모진 부모가 어린 자식을 학대해 죽음에 이르게 하며, 유명한 후원 단체의 비리가 밝혀지기도 한다.

그럴 때마다 나이 지긋한 사람들은 이렇게 말한다.

"우리 때는 이렇지 않았어."

하지만 국제 NGO의 분쟁 해결(conflict resolution) 분야에서 평화유지활동을 하고 있는 나는 그 말이 사실이 아니라는 것을 알고 있다. 사람과 사람 사이의 모든 갈등, 인간과 환경 사이의 모든 분쟁은 단 한 번만 일어나는 일도 없고 결코 종결되지도 않는다.

한 예로 우리가 미얀마 북부 카친(Kachin)주의 내전 지역에서 평화유지활동을 할 때 거의 매주 전쟁으로 인한 새로운 문제가 생겨난다. 전쟁의 가장 심각한 문제는 전쟁 자체가 아니라 전쟁에 휘말린 사람들과 그들의 짓밟힌 삶이라는 점을 우리는 잘 알고 있다.

또 분쟁의 가장 심각한 문제는 분쟁 자체가 아니라 분쟁의 부작용이다. 분쟁이 생겼을 때 우리가 해야 하는 말이 무엇이고, 하지 말아야 하는 말은 무엇인지 아는 것이 진정으로 중요하다.

갈등을 해결하는 말 1: 내가 무엇을 할 수 있나요?

2018년 8월 13일 저녁 7시 30분경, 해발 1,850미터 고원에 있는 신룸카바(Sin Lum kaba) 마을의 난민 자녀 기숙학교(Holy Rosary Catholic boarding house)가 화재로 전소되었다. 이 학교는 2015년 어렵게 모은 돈으로 지은 것이었다.

신룸카바 마을은 전기가 들어오지 않아 해가 지면 소형 발전기를 돌려 전등을 켜야만 난민 학생들이 공부를 할 수 있다. 하지만 사흘 전 발전기가 고장 난 뒤 수리하지 못해 아이들이 초를 켜고 공부하다가 2층에서 불이 난 것이었다. 목조로 된 건물이 삽시간에 불길에 휩싸여 그 안에 있던 것들을 아무것도 가지고 나올 수 없었다. 다행히 인명 피해는 없었다.

이 소식을 듣자마자 나는 무슨 말을 해야 하고 무슨 말을 하지 말아야 하는지 결정해야 했다.

하고 싶지만 해서는 안 되는 말이 있었다.

"이 빌어먹을 전쟁!"

"누가 이런 실수를 했어? 조심했어야지!"

"왜 발전기가 고장 난 지 며칠이 되도록 고치지 않았나요?"

이미 일어난 일의 책임을 묻는 이런 말들은 눈앞의 상황에 아무런 도움도 되지 않았다.

내가 해야 하는 말은 사실 이 한 마디뿐이었다.

"우리가 할 수 있는 일이 무엇인가요?"

갈등을 해결하는 말 2: 당신이 가장 원하는 게 뭔가요?

우리가 문제를 해결할 때 해야 하는 일들 중에는 단순한 일, 어려운 일, 시급한 일, 오랜 시간이 필요한 일이 있다.

난민 구호를 예로 들어보면, 난민들에게 음식과 체온 유지 용품을 제공하는 건 시급하지만 단순한 일이다. 누구든 음식과 이불 등 난방용품을 가지고 있다면 그걸 제공하면 해결되기 때문이다. 이건 아주 중요하지만 쉽게 해결할 수 있는 일이다.

난민에 대한 사회의 부정적인 시각을 변화시키는 것은 어려운 일이고, 난민들에게 정착지와 안정적인 수입을 얻을 수 있는 일자리를 제공하는 것은 오랜 시간이 필요한 일이다. 이런 일은 해결하기 어렵고 오랜 시간이 걸리며 또 해결하고 싶다고 해서 쉽게 해결할 수 있는 문제가 아니다.

NGO에는 시급하지만 단순한 일을 맡은 사람들도 있고, 장기적이고 어려운 일을 책임진 사람들도 있다. 갈등이나 뜻밖의 상황이 발생했을 때 자기 역할을 분명하게 알아야만 해야 하는 말과 해서는 안 되는 말이 무엇인지 알 수 있다.

연일 비가 내리는 우기에 학생들에게 당장 필요한 건 담요, 모기장, 식수, 옷, 세면도구, 우산이었다. 현지 주민들이 아이들을 도와주어 시급한 문제는 해결할 수 있었다.

이재민 구호는 급하지만 그리 어려운 일은 아니다. 정말 어려운 일은 그 뒤에 남은 학교 재건이었다.

재난 구호형 NGO에서 일하는 사람은 사람의 생존이 시급한 일이기는 하지만 그렇다고 장기적인 계획까지 희생시켜서는 안 된다는 사실을 잘 알고 있을 것이다. 어렵고 오랜 시간이 걸리는 일들은 평화유지활동을 하는 우리가 반드시 해야 하는 일이다.

나는 늘 나 자신에게 묻는다. 내가 오늘 저녁에 뭘 먹고 싶은지, 저녁 메뉴를 어떻게 결정해야 하는지도 모르는데 어떻게 타인의 장기적인 계획을 결정해줄 수 있을까?

그 기숙학교에 사는 아이들은 모두 난민촌을 떠나 스스로 고향으로 돌아온 난민의 자녀들이었다. 아이들은 부모를 따라 전쟁으로 황폐해진 지 5년이나 된 고향으로 돌아왔다. 이곳은 이 고원 지대에서 유일하게 정부의 정규 교육을 받을 수 있는 곳이기도 했다. 현재 매년 20여 명의 학생들이 이곳에서 생활하며 공부하고 있다. 8학년까지 마친 뒤에도 계속 공부를 하고 싶은 아이들은 산 아래 도시로 내려간다. 운이 좋아서 내려가는 길이 산사

태로 끊어지지 않았다면 말이다.

그렇다면 내가 해야 하는 말은 무엇이고, 해서는 안 되는 말은 무엇일까?

하고 싶지만 해서는 안 되는 말은 이런 것들이었다.

"마을 환경이 열악하니까 차라리 난민촌으로 돌아갑시다."

"서둘러 가건물을 지어야겠어요. 일단 빨리 수업을 재개할 수 있도록 교실만이라도 마련해야 해요."

"화재에 무너지지 않도록 철근과 시멘트로 건물을 짓는 게 좋겠어요."

이런 말을 해서는 안 되는 건 타인의 생활을 결정할 권리가 내게 없기 때문이다. 어떤 외국인이 나타나서 이렇게 저렇게 살아야 한다고 '가르친다면' 그건 보이지 않는 폭력이다.

내가 해야 하는 말은 이 한 마디뿐이었다.

"난민들이 가장 원하는 게 뭔가요?"

갈등을 해결하는 말 3: 걱정 말고 내게 맡기세요

그곳은 내전이 끝난 뒤 재건된 마을이었다. 이 고원 지대의 주민 중 약 10퍼센트만이 고향으로 돌아왔고, 나머지 90퍼센트는 킨사라(Kinsara) 난민촌에서 계속 사는 쪽을 택했다. 이 난민촌의 학교에는 현재 유치원부터 10학년까지 총 184명의 학생들이 다니고 있다. 고향으로 돌아온 난민의 자녀들은 별로 많지 않아서 작년에 26명, 올해는 22명이었다. 전쟁이 끝나고 고향에 제대로 된 기숙학교가 생기면 고향으로 돌아오는 난민들이 점점 많아질 것이다. 아이들이 기숙학교에서 생활하면 부모가 마음 놓고 고향을 재건하고 생존 기반을 마련할 수 있다. 이것이 평온한 생활로 되돌아가기 위한 첫걸음이다.

전쟁으로 5년 동안이나 고향을 떠나 살던 난민들이 전쟁이 끝나기도 전에 위험을 무릅쓰고 집으로 돌아가야 할까? 아니면 미지의 난민촌에 미래에 대한 희망을 걸고 타지에서 새로운 생활을 시작하는 편이 나을까?

이것은 힘들고 잔인한 선택이지만 난민들이 언젠가는 결정해야 하는 문제다. 그래야만 그들이 인생이라는 길 위에서 다시 앞으로 나아갈 수 있다.

평화유지활동가인 우리 앞에도 세 가지 힘든 선택이 놓여 있었다. 앞의 두 가지는 전쟁 후 재건된 신룸카바 마을에 재건 자원을 투입하는 방안이고, 나머지 하나는 킨사라 난민촌에 자원을 투입하는 방안이었다.

첫 번째 방안은 비교적 빠르게 적은 금액(1만 달러)을 마련해 기존의 건물과 똑같이 대나무와 목재로 2층 건물을 지어 사용하는 것이었다. 이 방법을 선택하면 빠른 시일 내에 기숙학교를 지을 수 있다는 장점이 있지만 언제든 다시 화재가 발생할 위험이 있었다.

두 번째 방안은 많은 액수를 모아 신룸카바 마을에 철근 시멘트 건물(길이 18미터, 폭 12미터)을 짓는 것이었다. 첫 번째 방법에 비해 두 배의 비용(2만 달러)이 필요하지만 더 많은 난민들이 고향에 돌아올 수 있다는 장점이 있었다. 하지만 이렇게 많은 돈을 들여 학교를 지은 뒤 전쟁이 다시 발발해 모든 게 원점으로 돌아가지 않는다고 아무도 장담할 수 없었다.

세 번째 방안은 당장이라도 무너질 듯이 허름한 킨사라 난민촌의 학교를 다시 지어 200명 가까운 학생들에게 혜택을 주는 것이었다. 이렇게 하면 아이들이 더 이상 밤에 책을 읽기 위해 달빛이 비추는 대나무 지붕에 올라갈 필요가 없었다. 이것은 가장 효과적이고 많은 학생들이 수혜를 입을 수 있는 방법이기는 하지만 난민들이 고향으로 돌아가는 날이 더 늦어진다는 단점이 있었다.

만약 당신이 평화유지활동가라면 어떤 선택을 하겠는가?

겸손과 연민을 잊지 마라

우리는 난민들이 고향에 돌아가 재건하는 것과 난민촌에 남는 것, 두 가지 중 무엇을 선택할지 논의한 적이 있었다. 그건 마치 의사가 환자에게 "당신의 왼손을 절단할까요, 오른손을 절단할까요?"라고 묻는 것과 같았다. 표면적으로 보면 환자에게는 선택의 자유가 있는 것 같지만 사실 불공평한 선택이다.

난민들에게 둘 중 피해가 적은 쪽을 선택하라고 강요하는 것이 평화유지활동가가 해야 하는 일일까? 이건 남아프리카의 크라가 카마 게임 파크(Kragga Kamma Game Park)가 올해부터 야생 코뿔소의 생명을 보호하기 위해 코뿔소들의 뿔을 자르기로 결정한 일과 같다. 코뿔소에게 뿔이 없으면 불법 사냥꾼들이 코뿔소를 죽이지 않을 것이라는 논리다. 또 남아프리카 국립보호단체 에젬벨로(Ezemvelo)는 코뿔소 뿔의 뿌리 부분에 독성물질을 주입해 독소가 뿔의 각질 전체로 확산되게 함으로써 코뿔소 뿔이 사람에게 맹독성을 갖도록 만들고 있다. 독성물질과 함께 분홍색 색소도 주입한다.

만약 당신이 코뿔소라면 이 두 가지 극단적인 보호 수단 가운데 어느 쪽을 선택하겠는가?

"살기 위해서 당신 생명의 존엄과도 같은 상징을 자르겠는가,

아니면 당신 몸속에 독물을 주입하겠는가?"

이상하지 않은가? 문제는 코뿔소가 아니라 불법 사냥꾼과 코뿔소 뿔을 사는 사람들이다! 어째서 근본적인 문제를 해결하려 하지 않는가?

난민들은 죄 없는 코뿔소와 같다. 평화유지활동가들은 어째서 전쟁을 해결하려 하지 않고 난민들에게만 선택을 강요하는 걸까? 또 어째서 난민들에게만 전쟁을 감당하고 우리가 선택한 방법의 위험성과 부작용을 감수하라고 하는 걸까?

하지만 현실은 이렇게 잔인하다. 남아프리카의 이 두 가지 방법 모두 코뿔소의 생명을 보호하기 위한 '코뿔소 보호 프로젝트'에 포함되어 있다. 우리가 수행하고 있는 것도 역시 내전 지역 안에서 난민들의 생명을 보호하기 위한 구체적인 평화 재건 프로젝트였다.

우리가 그들을 불행하게 만든 것은 아니지만 전문적인 활동가인 우리가 그들의 불행한 인생을 위해 선택을 대신해주어야만 했다. 이 선택의 과정에서 계속 나 자신에게 말했다. 절대로 오만해지지 말라고. 겸손과 연민을 잊지 말라고. 우리가 불행한 사람들에게 내미는 선택지가 그들의 귀에는 "당신의 왼손을 자를까요, 오른손을 자를까요?"라고 들릴 것이기 때문이었다.

화재가 일어나고 사흘 뒤 난민들이 마침내 결정을 내렸다.

"철근 시멘트 건물을 짓겠습니다. 그러면 화재에 다 타버리는 일은 없겠죠."

하고 싶지만 해서는 안 되는 말

내가 동의하든 동의하지 않든 난민들의 결정을 존중하고 인정하고 최대한 지지하는 것이 내가 할 수 있는 유일한 일이었다.

그들은 비용이 가장 많이 드는 방법을 선택했다. 미얀마 고원 지대에 철근 시멘트 건물을 짓겠다는 결정은 고향에서 살고 싶다는 난민들의 결연한 결심을 반영한 것이었다. 철근 시멘트 건물을 지으려면 2만 달러가 필요했지만 그들은 당장 공사를 시작하길 원했다.

내가 하고 싶지만 해서는 안 되는 말이 있었다.

"그건 돈이 너무 많이 들어요."

"대나무로 지은 초가집에 살면서 학교는 왜 그렇게 좋은 건물을 지어달라고 하세요?"

"당신들이 어디 가서 건축가를 찾을 수 있겠어요? 이 설계도는 애들 장난이라고요!"

내가 해야 하는 말은 이 한 마디였다.

"좋습니다. 걱정 마세요. 방법을 생각해볼게요."

2만 달러는 많다면 많고 적다면 적은 돈이었다. 나는 이 프로젝트를 위해 돈을 모금해야 했다. 현실적인 문제를 제시하며 흥정해서도 안 되고 다른 방법을 제안할 필요도 없었다. 이것이 가장 옳은 결정이든 아니든 결국 이 결정에 대한 책임은 난민들의 몫이었다. 그들은 독립된 생명이고 자신들의 생각이 있었다. 내가 돈을 갖고 있다는 이유로 그들의 선택을 간섭할 권리는 없었다. 많은 부모들이 자녀를 대할 때 이 점을 간과하고 실수를 하곤 한다.

내가 할 수 있는 일은 모금 시간을 벌기 위해 현지에서 외상으로 건축 자재를 제공해줄 수 있는 건축 회사를 찾아내는 것이었다. 자재 대금은 모금한 돈으로 추후에 이자 없이 갚을 수 있도록 하고, 건축 자재를 운반하는 트럭도 유류비만 주고 무상으로 사용하기로 했다. 하지만 운전수의 월급은 제때 지급했다.

전쟁 후 재건은 몹시 지난한 과정이다. 해야 하는 일은 많고 할 수 있는 일은 적으며, 또 정말로 제대로 할 수 있는 일은 그보다 훨씬 적다. 그 과정에서 슬프고 실망스러울 때도 많지만 어두운 터널에서도 보일 듯 말 듯 빛을 볼 수 있다. 아무리 깜깜해도 그 빛이 우리가 앞으로 나갈 수 있는 힘이 되어준다.

이것이 옳은 일이다.

갈등은 꼭 나쁜 것일까?

우리 사회에 문제가 있어서 사회에 분쟁이 생긴 것이 아니라 실은 우리가 사회의 문제를 어떻게 바라보아야 하는지 모르고 있는 것이다.

어떤 시대든, 또 어떤 나라든 사회가 너무 어지럽고 인심이 예전 같지 않다고 탄식하는 사람들이 있다. 그들은 도덕이 땅에 떨어지고 세상에 분쟁과 전쟁이 난무한다고 푸념한다. 하지만 아주 극단적인 관점에서 생각해보자. 사회에 분쟁이 자주 일어나는 것은 지진처럼 좋은 일이 될 수도 있다.

대만은 지진대에 있기 때문에 매번 지진이 발생할 때마다 사람들이 많이 걱정한다. 진원의 깊이가 낮아 진동이 크게 느껴지기 때문에 두려움이 더 크다. 하지만 지진 전문가들은 대만에서 일어나는 지진은 대부분 지하 70킬로미터 이내에서 발생하는 천발지진이기 때문에 에너지를 조금씩 방출하는 것은 좋은 일이므로 너무 두려워할 필요가 없다고 말한다. 또 오히려 오랫동안 지진이 일어나지 않으면 걱정해야 한다고 말한다. 사회의 분쟁도 본질적으로 지진과 같다.

미얀마와 미얀마 국경 밖 난민촌의 아이들과 전쟁으로 집을 잃고 떠도는 피난민 아이들에게 철학 수업을 할 때 나는 이렇게 질문한다.

"전쟁이 좋은 거라고 생각하니, 나쁜 거라고 생각하니?"

그러면 모든 아이들이 전쟁은 나쁜 거라고 대답한다.

나는 다시 묻는다.

"전쟁은 쉽게 말하면 분쟁이야. 전쟁이 나쁜 것이라면 분쟁도 모두 나쁜 것일까?"

모든 아이들이 손을 들고 분쟁은 나쁜 것이라고 대답한다.

갈등의 본질을 인식하라

정치적으로 명확한 환경에서는 '전쟁터(war zone)'라는 말을 쓰지 않고 비교적 중성적인 단어인 '분쟁 지역(conflict area)'이라고 표현하지만 사실 두 가지는 같은 말이다. 그래서 전쟁을 겪으며 자란 아이들은 '분쟁'이라는 말을 '전쟁'과 같은 것으로 생각한다.

나는 아이들에게 세 번째 질문을 한다.

"그런데 너희들의 집에서도 분쟁이 일어나지 않니? 아빠와 엄마의 생각이 다르거나, 너희와 부모님의 의견이 다른 것도 사실 분쟁이 아닐까?"

그러면 아이들은 대부분 내가 한 말에 동의한다. 전쟁 지역에서든 평화로운 지역에서든 그 어떤 가정에도 분쟁이 없을 수는 없다.

"집에 분쟁이 없다고 해도 학교에 오면 친구들끼리 다툴 때가 있지?"

전쟁을 극도로 혐오하는 아이들에게 분쟁의 본질을 알려주고 앞으로 자신들이 직면해야 할 사회를 인식시키는 일, 또 설령 전쟁이 없더라도 이 세상은 분쟁으로 가득 차 있다는 사실을 깨닫게 하는 일은 아주 중요하다. 그러지 않으면 아이들은 이 세계에 실망하게 되고, 심한 경우 사회를 증오하는 급진 과격주의로 흘러 더 격렬한 전쟁터로 향할 수도 있다.

작은 다툼이 자주 일어나는 가정은 지속적인 소통이 이루어지기 때문에 천천히 소통하는 방법을 깨닫고 원활하게 소통하는 가정이 된다. 작은 분쟁이 잦은 사회는 종교, 성별, 세대가 다른 사람들, 또는 다양한 이익단체나 입장이 다른 사람들과 수시로 대화하게 되고, 대화하는 법을 터득한 뒤 다원화된 사회로 발전할 수 있다.

대만에서 자주 일어나는 약한 천발지진처럼 우리가 이 경미한 지진을 너무 두려워하지 않고, 이 지진들이 우리에게 해를 끼치는 것이 아니라 지각에 쌓인 에너지를 조금씩 방출해주어 강진이 발생하는 걸 막고 있다는 사실을 믿는다면, 약한 지진이 일어나는 건 좋은 일이 될 수 있다.

마찬가지로 가정이나 사회에서 분쟁이 일어나는 것도 좋은 일이 될 수 있다. 모든 가정은 전쟁터다. 다툼이 없는 가정은 없다. 하지만 이런 작은 분쟁과 갈등이 사회에 쌓이는 압력을 조금씩 해소해 더 큰 전쟁이 발생하는 일을 막는 것이다.

"그럼 분쟁이 좋은 일이라고 생각하는 사람 손 들어볼래?"

나의 네 번째 질문에 작은 손들이 천천히 올라오고 굳어 있던 얼굴 위로 미소가 번지는 걸 보며, 나는 내가 해야 할 일을 했다는 사실에 안도한다.

작은 분쟁은 더 큰 재난을 막아준다

트럼프가 미국 대통령으로 당선되었을 때 내 주위에서 민주당을 지지하는 미국인 친구들은 이해할 수 없다는 말투로 이렇게 탄식했다.

"미국이 어쩌다 이렇게 됐지?"

하지만 나보다 나이가 많은 오랜 친구이자 보스턴 대학교 교수인 래리는 담담하게 말했다.

"미국은 변하지 않았어. 선거 전에도 선거 후에도 미국에 살고 있는 사람들은 똑같아. 그런데 어떻게 미국이 변했다고 할 수 있지?"

이 말을 듣고 나는 뒤통수를 한 대 얻어맞은 기분이었다.

모든 사회에는 문제가 있다. 살기 좋던 사회가 갑자기 나빠졌다거나 인심이 예전 같지 않다고 느끼는 건 착각일 수 있다. 예전에는 아동 학대 사건이 없었다고 생각한다면 그건 당신이 사회에서 일어나는 일에 너무 관심이 없어서 몰랐던 것이 아닐까? 브렉시트를 지지하는 영국 노년층은 과거의 영국으로 되돌아가기만을 바란다. 날마다 백인이 신문과 우유를 집 앞에까지 가져다주던 '아름다운 시절'을 그리워한다. 하지만 모든 외국인이 영국에서 빠져나가고 국제 사회에서 고립된 영국이 지구상의 천국이 될 수 있을까?

미국 사회에는 미국 사회 나름의 분쟁이 있고, 영국 사회에는 영국 사회만의 분쟁이 있다. 대만 사회에도 대만 사회의 분쟁이 있다. 지구상에 존재하는 모든 사회에는 크고 작은 분쟁이 있다. 하지만 이렇게 다양한 분쟁이 조금씩 일어나는 건 나쁜 일이 아니다. 작은 분쟁이 있어야 우리가 커다란 분쟁이 일어나지 않도록 경계할 수 있다.

분쟁의 원인이 폭력이든 전쟁이든 해양 쓰레기든 노사갈등이든 다양한 작은 분쟁들은 사회의 커다란 재난을 막아주는 기능을 한다. 이런 작은 분쟁들이 있기에 사람들이 사회의 정의를 중요하게 여기고 윤리에 따라 사회를 조금씩 바꿔나가게 되는 것이다. 그러므로 작은 분쟁은 인류가 치명적인 잘못을 저지르지 않도록 막아주는 중요한 수단이다.

이 사회가 나빠진 것이 아니라 당신이 변한 것이다. 당신이 사회적 정의를 중요하게 여기며 분쟁을 외면하지 않고 그 분쟁에 적극적으로 대처하고 있다면 그것이 바로 사회가 점점 좋아지고 있다는 증거다.

나는 평화유지활동가로 일하면서 다양한 분쟁과 사건들을 접한다. 분쟁을 해결하려고 할 때 해야 하는 말은 무엇이고, 해서는 안 되는 말은 무엇이며, 어떻게 말해야 하는지 아는 것은 매우 중요한 능력이다. 협상 테이블에서 유창한 언변을 자랑하며 말을 많이 하는 사람들이 있지만 사실 말을 많이 할수록 신뢰도는 떨어진다. 분쟁을 해결하는 비결은 '존중, 경청, 수용, 지지' 이 네 가지뿐이다.

이 네 가지 원칙을 지키며 해야 하는 말만 하고, 해서는 안 되는 말은 하지 않는 것이 분쟁을 해결하는 가장 중요한 방법이다. 분쟁 해결을 위해 협상할 때 내가 말하는 원칙 몇 가지를 여기에 소개하고자 한다.

갈등이 생겼을 때 말하는 원칙

감정적인 발언을 하지 말 것. 자기 입을 단속해야 한다. 생각을 거치지 않고 말해버리면 그로 인해 큰 대가를 치러야 한다.

타협을 위해 자신의 마지노선을 포기하지 말 것. 상대와의 충돌을 피하기 위해 정서적 협박(상대가 죄책감을 느끼게 하는 등 감정적인 부분을 자극해 어떤 일을 하게 만드는 것-옮긴이)을 받아들여서는 안 된다. 한번 마지노선을 포기하면 그 후에는 계속 더 많이 양보해야 하며, 이것이 악순환이 되어 결국 큰 문제가 폭발하게 된다.

생각을 분명히 정리한 뒤에 말할 것. 말하면서 생각하는 것은 분쟁 해결에 도움이 되지 않는 나쁜 습관이다. 먼저 생각을 정리하지 않고 입에서 나오는 대로 말하는 사람들은 자신의 그런 습관이 얼마나 큰 부작용을 부르는지 영원히 알 수 없기 때문이다.

타협을 위해 최고의 목표를 포기하지 말 것. 분쟁을 무마하기 위해 기준을 낮춰서는 안 된다. 예를 들면 정전협정을 목표로 협상하다가 '하루는 싸우고 이틀은 쉬기로' 합의하는 데 그칠 수는 없다. 이렇게 해서 문제를 연장시킬 수는 있겠지만 본질적으로 해결할 수는 없다.

'현지화'할 것. 대다수 분쟁은 어느 개인이나 특정 지역에 국한되어 있다. 같은 부부싸움이라도 그 원인과 배경은 모두 제각 각인 것과 같다. 분쟁 당사자들의 생각이 사실이든 아니든, 분쟁을 해결하기 위해서는 반드시 당사자들의 생각(설령 틀린 생각일지라도)을 존중해주어야 한다.

경제적 효율과 경제적 원칙에 맞게 할 것. 협상 조건은 상식에 부합해야 하며, 물건을 사고파는 것처럼 사려는 사람과 팔려는 사람이 있어야 거래가 이루어질 수 있다. 유창한 화술만을 이용해 조악한 제품을 팔고 나서 그걸 산 사람이 나중에 자신이 원하는 물건이 아니라는 것을 알게 되면 해결하기 힘든 더 큰 충돌이 생길 수 있다.

상대가 협상 테이블에 앉고 싶게 만들 것. 분쟁을 해결하는 전문가는 사람들이 스스로 자기 의견을 말할 수 있도록 언어를 통해 안전하고 신뢰할 수 있는 환경을 만들어야 한다.

행간의 의미에 귀를 기울일 것. 분쟁이 발생했을 때 사람들이 말하지 않는 행간의 의미가 실제로 말한 내용보다 더 중요한 경우가 종종 있다. 상대의 말을 자세히 들으며 행간의 의미에 귀를 기울인다면 분쟁의 본질을 파악하는 데 큰 도움이 될 것이다.

평화유지활동을 하면서 분쟁을 대하고 해결하는 법을 배웠기 때문에 일상생활에서 의견 충돌이 일어났을 때도 어떤 말을 해야 하고, 어떤 말을 해서는 안 되는지 알 수 있었다. 그러므로 분쟁 해결은 내게 매우 소중한 말하기 수업이었다.

10장

말하기를 통해
세상을 이해한다
─다문화 직장에서 배우는 말하기

다양한 언어의 논리를 통해 타인의 시각에서
세계를 바라보는 능력을 가져라.
외국에 한 번도 나가보지 않은 사람에게도
물론 세계관이 있을 수 있고, 세계 곳곳을
다녀본 사람도 세계관이 전혀 없을 수 있다.

여러 나라 사람들과 대화하는 법

이런 말이 이상하게 들린다는 걸 알고 있지만 나는 일하는 것을 정말로 좋아한다. 일하는 것이 따분했던 적은 한 번도 없다. 늘 여러 곳을 돌아다니며 다양한 일을 하고 각양각색의 사람들에게 일하는 법을 배운다. 기쁠 때도 있고 화가 날 때도 있고, 배우기도 하고 참기도 하고, 의견 충돌이 생기기도 하고 또 후회도 한다. 하지만 어쨌든 단 하루도 어제와 똑같은 날이 없다.

지금까지 나는 단기 프로젝트로 일한 나라들을 제외하고도 대만, 미국, 프랑스, 영국, 네덜란드, 태국, 미얀마 등 7개국에서 일했고, 일하는 장소도 도시의 오피스 빌딩부터 녹음실, 촬영 스튜디오, 원주민 마을, 작은 섬, 학교, 열대밀림, 심지어 배 위까지 다양했다. 함께 일한 직속 상사도 프랑스인, 일본인, 중국인, 필리핀인, 영국인 등 아주 다양했으며, 그들의 신분도 직업 군인, 영화감독, MBA 전문가, 피아니스트, IT 엔지니어, 스님 등 가지각색이었다.

그러다 보면 서로 잘 맞아서 유쾌하게 일할 때도 있지만 소통에 어려움을 느낄 때도 있었다. 개인적인 성격 차이 때문일 때도 있고 문화적 차이 때문일 때도 있었다.

하지만 이유가 무엇이든 이런 경험들이 내가 세상을 이해하는 데 중요한 영양분이 되었고, 세상의 다양한 사람들을 만났을 때 어떻게 말을 해야 하는지 점점 터득하게 되었다.

외국어 능력이 세계관은 아니다

내가 전 세계를 돌아다니며 일한다는 사실을 알고 나면 많은 사람들이 이렇게 묻는다.

"세계관이란 무엇인가요?"

외국어를 잘하거나 많은 곳을 여행했다고 해서 세계관을 가진 사람이라고 할 수는 없다. 또 시리아 난민에게 관심을 갖거나 태국 북부 국경 지대에서 자원봉사를 많이 했다고 해서 반드시 세계관을 가진 것도 아니다.

나는 다양한 언어의 논리를 통해 타인의 관점에서 세상을 바라보는 능력이 바로 세계관이라고 생각한다. 그러므로 외국에 한 번도 나가보지 않은 사람도 세계관을 가질 수 있고, 반대로 세계 곳곳을 다녀본 사람도 세계관을 전혀 갖지 못했을 수 있다.

예를 들어보자. 프랑스어를 공부할 때 우리는 스스로 무엇을 공부하고 있다고 생각하는가? 많은 사람이 단순히 외국어를 배운다고 생각할 것이다. 프랑스어는 문법이 너무 복잡하다고 말하는 사람이 많다. 그런데 모든 외국어에는 그 언어를 사용하는 사람들과 그들의 세계관이 반영되어 있다. 많은 사람이 프랑스어의 문법이 복잡하다고 생각하는 중요한 원인은 프랑스어에서 한 문장에 포함된 모든 단어가 서로 조화를 이루어야 한다는 데 있다.

프랑스어에서는 단수 명사를 사용했다면 동일한 문장에 들어가는 동사와 형용사도 반드시 단수형이어야 한다. 만약 명사가 여성형이라면 형용사도 반드시 여성형을 사용해야 한다. 이렇게 반드시 조화를 이루어야 하는 언어는 그 언어를 사용하는 사람들이 세상을 바라보는 방식을 반영하고 있다.

이 사실을 알고 나자 내 프랑스인 동료를 이해할 수 있었다. 그는 사람들이 자기가 맡은 일만 하고 남의 일에 관여하지 않는 것을 이해하지 못하고, 어떤 일을 하든 우선 전체적으로 이해한 뒤에 자신이 그 안에서 어떤 역할을 수행할 것인지 판단한다. 문장 안에 속한 형용사를 단수형으로 쓸 것인지 복수형으로 쓸 것인지, 여성형으로 쓸 것인지 남성형으로 쓸 것인지를 스스로 결정할 수 없는 것과 같다. 다른 문장 성분을 고려하지 않고 아무렇게나 쓰면 문장 전체가 혼란스러워지기 때문이다. 프랑스인에게 문장이 혼란스러워지는 것은 이 세상이 혼란스러워지는 것을 의미한다.

반대로 말레이어와 인도네시아어는 한 문장 안에서 명사와 동사의 순서가 엄격하게 정해져 있지 않고 마음대로 단어를 배열해도 의미가 바뀌지 않는다. 정관사와 부정관사의 구분도 없고, 단수형과 복수형이 동일하다. 또 동사에도 과거형, 현재형, 미래형의 구분이 없다. 그 때문에 이 언어를 사용하는 사람들은 사회에서 자신과 타인을 구분하지 않고 어떤 사물을 자세히 구별할 필요성을 느끼지 않는다. 그러므로 프랑스인이 말레이시아인을 보고 '생각이 단순하다', '일의 경중과 완급, 멀고 가까움을 모른다'고 평가한다면 그건 오만과 편견이며 다시 말하면 '세계관이 부족한 것'이다.

우리가 어떤 외국어나 모국어의 언어 구조를 이해하려고 하는 것은 대만의 버블 밀크티나 처우더우푸(삭힌 두부-옮긴이)를 외국어로 소개하기 위한 것도 아니고, 훌륭하다고 자부하는 생각을 인도네시아어로 번역하려는 것도 아니다. 바로 상대방의 관점에서 세상을 이해하기 위한 것이다.

우리가 세상을 바라보는 시각은 우리가 사용하는 언어에 의해 결정된다. 외국어 공부가 세계관을 수립하는 데 중요한 역할을 할까? 물론 그렇다. 하지만 그 이유는 당신이 생각하는 것과 완전히 다를 것이다.

다양한 나라 사람들이 함께 일하고 있는 직장에서는 어떻게 말해야 할까? 다문화 직장에서 근무하면서 내가 터득한 여덟 가지 말하기 원칙은 다음과 같다.

다문화 말하기 원칙 1: 부정적인 얘기를 하지 마라

어떤 나라에서는 서로 원망하고 비판하는 것이 신뢰와 친밀함의 표현이라고 생각한다. 서로 친하기 때문에 '솔직한 말'을 할 수 있다고 생각하는 것이다.

예를 들어 전형적인 프랑스인들은 긍정적이고 즐거운 얘기만 하는 사람은 생각이 얄팍한 사람이라고 여긴다. 그들은 겉으로 드러난 현상의 이면에 숨어 있는 문제를 꿰뚫어 볼 수 있어야 깊이 있는 사람이라고 생각한다. 이것은 철학가의 사고다.

전형적인 러시아인들도 즐거운 것은 깊이가 없다고 생각하지만 그 이유는 완전히 다르다. 그들은 고통이 진실한 것이라고 생각하기 때문에, 가장 사랑하는 사람에게는 자신의 가장 어두운 면을 보여줄 수 있어야 하며 이것이 사랑의 표현이라고 여긴다.

또 전형적인 필리핀인들은 언제든 자기보다 더 훌륭하고 유능하고 운이 좋은 사람을 보면 질투의 불길에 몸부림치다가 그에게 시비를 건다.

전형적인 영국인들은 비관적이다. 지금 아주 즐겁다면 그건 길모퉁이만 돌면 커다란 고통이 기다리고 있기 때문이라고 생각한다. 그래서 그들은 일이 많을수록 일하는 것을 좋아한다.

하지만 영국인의 부정적인 말은 중국인의 부정적인 말과는 다르다. 영국인들은 자신이 정말로 좋아하는 사람과 일에 대해서만 원망하고 불평하며, 진심으로 증오하는 사람이나 일에 대해서는 일언반구도 언급하지 않는다. 중국인이 영국인들의 이런 논리를 알지 못하고, 영국인이 어떤 동료에 대해 불만을 말할 때 그가 정말로 그 동료를 싫어하는 줄 알고 그 동료에 대해 심한 악담을 한다면, 영국인은 깜짝 놀라며 그 중국인과 거리를 둘 것이다. 중국인이 그가 아주 좋아하는 사람의 험담을 했기 때문이다!

만약 친하지 않은 러시아인에게 불평을 쏟아내고 당신의 어두운 면을 드러내 보여준다면, 상대는 당신이 자신과 친해지려 하는 것으로 오해할 것이다. 심하면 자신에게 호감이 있는 줄 알고 안절부절못할 수도 있다.

다문화 환경에서 모든 사람과 모든 문화를 완벽하게 파악할 수 있는 사람은 없다. 그러므로 최선의 방법은 남을 나무라거나 원망하지 않고 듣기 좋은 얘기만 하는 것이다. 아무 말도 하지 않아도 된다. 하지만 부정적인 얘기를 할 필요는 없다.

다문화 말하기 원칙 2: 돈 얘기를 하지 마라

중국인들은 한 사람의 가치를 논할 때 종종 돈과 연결 지어 얘기하고 모든 것에 가격을 매기곤 한다.

똑같은 물건을 얼마에 샀는가? 비싸게 샀으면 통이 큰 사람이고, 싸게 샀으면 꼼꼼하게 따질 줄 아는 사람이라고 생각한다.

월급이 얼마인가? 월급이 많으면 능력이 출중한 사람이고, 월급이 적으면 이익에 초연한 사람이라고 여긴다.

집을 얼마 주고 샀는가? 비싸게 샀으면 부유한 것이고, 싸게 샀으면 안목이 뛰어나거나 운이 좋은 것이라고 생각한다.

이처럼 중국인들에게 가격은 마치 세상을 평가하는 척도와도 같다. 하지만 돈 얘기를 흔히 하는 습관을 다른 문화에서도 그대로 따르는 것은 매우 위험하다.

동남아에서는 인도네시아인이든 필리핀인이든 태국인이든 액수가 큰 돈이라면 몰라도 적은 돈에 대해서는 굳이 따지지 않는다. 가난한 사람들도 마찬가지다. 밥 한 끼 값이나 커피 한 잔 값, 껌 한 통 값 등 쉽게 부담할 수 있는 가격이라면 얼마인지 묻지 않고 흥정도 하지 않는다. 그러므로 자기들보다 잘사는 대만인들이 이번 주에 어떤 슈퍼마켓에서 우유를 20퍼센트 할인 판매한다고 진지하게 얘기를 나누고, 다른 슈퍼마켓에서 정가에 산 사람이 억울해하는 모습을 보면 우습고 이해할 수 없는 일이라고 생각한다. 하지만 대만인들에게 그건 단순히 돈 몇 푼의 문제가 아니라 쓰지 않아도 되는 돈을 썼다는 사실이 불쾌한 것이다.

네덜란드 사람들은 대만인들의 이런 생각을 십분 이해한다. 그들은 이것이 공평함과 가치를 추구하는 것이라고 생각하기 때문이다. 하지만 그 때문에 네덜란드인들은 유럽에서 '괴짜' 취급을 받는다. 각자 자기 음식 값을 지불하는 것을 'Go Dutch'라고 표현한다. 네덜란드인들은 아버지와 아들이 맥주 한 잔을 나눠 마셔도 각자 반 잔 값을 낸다. 아시아인들은 이렇게까지는 하지 못한다.

다양한 나라 사람들이 함께 일하는 직장에서는 상대의 생각이 나와 같은지 다른지, 상대가 무슨 생각을 하고 있는지 알 수가 없다. 그러므로 상대가 먼저 말을 꺼내기 전에는 돈에 관한 얘기는 하지 않는 것이 가장 안전한 방법이다.

다문화 말하기 원칙 3: 타인의 사생활을 입에 올리지 마라

"와! 당신 아내가 당신보다 키가 훨씬 큰데 이렇게 같이 다니면 이상하지 않아요? 왜 굽 높은 신발을 신지 않아요?"

예전에 한 중국인이 사교적인 자리에서 그날 처음 만난 키 작은 영국인에게 환하게 웃으며 이렇게 말하는 걸 직접 본 적이 있다. 게다가 그는 옆에 있는 그 영국인의 아내를 마네킹 가리키듯 손가락으로 가리키기까지 했다.

그 발언으로 분위기가 순식간에 얼어붙었다. 영국인이 싸늘한 표정으로 말했다.

"그런 생각은 해본 적이 없어요. 내가 대부분의 사람들보다 키가 작으니까 나보다 키 큰 여자와 결혼할 확률도 높았던 것뿐입니다."

그는 말을 마친 뒤 자기보다 30센티는 족히 큰 것 같은 아내의 손을 잡고 자리를 뜨다가 고개를 돌려 그 중국인에게 말했다.

"다시는 사람에게 손가락질하지 마세요. 몹시 무례한 행동이니까."

중국인은 자기가 뭘 잘못했는지 모르겠다는 표정으로 그 자리에서 멍하게 서 있었다.

중국인들은 이 영국인이 약점을 찔린 모욕감에 화를 냈거나 성격이 고집불통이라고 생각할 것이다. 하지만 사실 그 중국인은 다른 문화권의 사람들에게는 돈 얘기뿐만 아니라 나이, 결혼 여부, 자녀 수, 사는 곳, 키, 몸무게 등이 모두 '프라이버시'에 속하는 화제이기 때문에 아주 가까운 사이가 아니면 입에 올릴 자격이 없다는 걸 몰랐던 것이다.

중국인뿐만 아니라 필리핀인, 태국인 등 많은 아시아인들이 대가족 사이에서 부대끼며 함께 먹고 함께 자고, 또 밖에 나가면 공중 화장실에 칸막이가 없는 환경에서 성장했기 때문에 프라이버시의 개념이 없고 개인정보의 중요성을 인식하지 못한다. 그래서 자신이 속한 생활권 밖으로 나가면 큰 실수를 저지르고도 자기가 무슨 잘못을 저질렀는지 모르는 경우가 많다.

우리가 '그저 악의 없이 하는 얘기'와 무심코 하는 행동 때문에 국제적인 자리에서 미움을 사게 되는 것이다. 제일 좋은 방법은 상대가 먼저 말하기 전에는 아무 얘기도 하지 않는 것이다.

다문화 말하기 원칙 4: 목적 없이 불평하지 마라

중국인들이 말할 때 흔히 저지르는 실수가 있다. '그저 푸념하는 것'이다. 시부모든 아이든 정부든 직장이든 아니면 기후 온난화든 무언가에 대해 푸념한다. 마음에 들지 않는 것을 어떻게 해결하겠다는 계획이 있는 것은 아니다.

하지만 다른 문화권에 있는 사람들이 보기에 이건 정말 이상한 행동이다.

"결혼 생활이 그렇게 힘든데 왜 이혼하지 않는 거죠?"

푸념을 듣고 난 프랑스인이 어깨를 으쓱이며 이렇게 물으면 우리는 펄쩍 뛰며 이렇게 말한다.

"너무 심하잖아요! 어떻게 그런 말을 할 수가 있어요? 난 아직 남편을 사랑한다고요. 불만을 털어놓았으니 이걸로 됐어요."

그러면서 우리는 프랑스인은 인정머리가 없다고 투덜댄다.

물론 여러 나라 사람들이 모여 있는 곳에서 그저 불만을 얘기할 수도 있다. 하지만 자신이 불평하는 목적이 무엇인지 미리 밝히고 시작해야 한다.

"I just want to get this off my chest(그냥 불평하는 거니까 진지하게 생각할 필요 없어요)."

그러면 상대방은 당신의 불평을 받아들일 권리도 있고 당신의 쓰레기통이 되길 거부할 권리도 있다. 상대가 받아주는 경우에만 자기 감정을 토로해야 한다. 타인을 내 감정의 쓰레기통으로 만들어 갖가지 불쾌감을 그에게 쏟아내는 것은 어느 정도 친한 사이가 아니라면 해서는 안 되는 일이다.

일할 때도 마찬가지다. 문제가 무엇인지 지적하고 그에 대한 해결 방법도 같이 제시해야 한다. 문제를 지적하기만 하고 해결 방법을 내놓지 못한다면 그건 모두의 시간과 정력을 낭비시키는 쓸데없는 말이다.

"내가 해결할 수 없으니까 얘기하는 거잖아요. 그래도 안 되나요?"

이렇게 묻는 사람이 있을 것이다.

그렇다. 안 된다.

다문화 말하기 원칙 5: 개인적인 느낌을 얘기하지 마라

문화적 배경이 다양한 사람들 앞에서는 말하기 전에 자기 말이 '개인적인 느낌'인지 '객관적인 분석'인지 각별히 주의해야 한다. 만약 불만을 발산하기 위한 개인적인 느낌이고 문제 해결에 아무런 도움이 되지 않는다면 남들의 귀중한 시간을 빼앗아서는 안 된다.

이렇게 말하면 "내 느낌은 중요하지 않나요?"라고 묻는 사람도 있을 것이다. 당신은 느낌도 물론 중요하다. 하지만 소중한 개인적인 느낌은 일기에 쓰거나 시를 짓거나 노래로 만들면 된다. 아니면 당신의 심리상담사에게 얘기해도 좋다.

이렇게 말하는 사람도 있을 것이다.

"그냥 얘기하는 것도 안 돼요? 하지만 우리나라에서는 사람들이 각자 자기 느낌을 얘기한다고요!"

그건 아마 친구끼리 서로를 감정의 쓰레기통으로 삼아 이용하는 것일 수도 있고, 아니면 당신이 속한 문화권에서는 사람들이 당신에게 미안해서 얘기하지 말라고는 못하지만 속으로는 "맙소사! 또 시작이군……"이라고 생각하고 있을 수도 있다.

오스카 선생님은 수업 시간에 학생의 말을 끊으면서 이렇게 말하곤 했다.

"I don't care about how you 'feel', I only care about what you 'think'(난 학생이 어떻게 '느끼는지'는 관심이 없어요. 학생이 어떻게 '생각하는지'에만 관심이 있죠)."

한 가지 사물에 대한 직관적인 느낌은 누구나 가질 수 있고 개인적인 느낌은 별로 가치가 없다. 하지만 누구나 객관적인 사고를 하는 것은 아니다. 자신에게 주관적인 느낌만 있을 뿐 객관적인 의견이 없을 때는 아무 얘기도 하지 않는 것이 좋다. 그렇다고 해서 사람들이 당신을 벙어리로 생각하지는 않을 것이다.

다문화 말하기 원칙 6: 습관적으로 비판하지 마라

온라인에서 누구나 쉽게 자기 의견을 말하는 요즘 시대에는 온라인 마녀사냥이 비극적인 결과를 부르는 일이 종종 발생한다. 몇 년 전 스물네 살의 모델 양유잉(楊又穎)이 악성 댓글 때문에 괴로워하다가 자살한 사건이 있었다. 온라인 마녀사냥은 본질적으로 잔인한 집단 따돌림이며, 집단 따돌림의 본질은 폭력이다. 단지 폭력이 육체가 아닌 언어로 표출되기 때문에 사람들이 그것이 폭력이라는 사실을 간과하는 것이다.

뤼추위안(呂秋遠) 변호사는 우리가 독한 말로 타인을 공격할 때 "스스로 도덕적이라고 자부하지만 (……) 그 말이 자신에게 쏟아진다면 어떤 기분일지 생각하지 않는다"라고 말했다. 나도 그의 말에 동의한다. 우리가 현실에서 근거도 부족하고 깊은 생각을 거치지도 않은 말로 타인을 공격한다면 아마 그건 식인 상어만큼이나 잔인한 일일 것이다.

남의 잘잘못에 대해서는 신중하게 말해야 한다. 각자의 입장에 따라 옳고 그름에 대한 판단이 달라질 수 있기 때문이다. 판사가 재판을 할 때도 양쪽의 증언을 모두 듣고 신중하게 판단한다. 우리가 무슨 자격으로 자기 말을 예리한 비수로 삼아 함부로 휘두를 수 있는가?

교육 수준이 높은 나라에서는 그 무엇이든 신중하게 판단하고 함부로 평가하지 말라고 교육한다. 함부로 평가하는 습관은 다문화 직장에서 용납될 수 없다.

이 말을 듣고 "모르는 소리 하지 말아요. 호주에서 워킹홀리데이로 일할 때 아일랜드인 룸메이트가 나보다 훨씬 심하게 독설을 퍼부었다고요!"라고 말한다면 그건 자신을 돌아보지 못하는 당신의 유치함과 무지함을 스스로 인정하는 것일 뿐이다.

다문화 말하기 원칙 7: 타인의 정치관을 평가하지 마라

다문화 직장에서도 정치에 대해 얘기할 수는 있다. 하지만 중요한 건 비판하는 자세가 아니라 열린 마음으로 경청해야 한다는 점이다.

어느 지역이든 그곳의 정치가 있고, 누구에게든 자신의 정치적 관점이 있다. 정치적 관점은 사실 빙산의 일각이다. 그 속에 그 사람의 종교적 배경, 가정교육, 문화, 가족사, 개인적인 신념 등 수많은 요인이 반영되어 있다. 당신은 당신이 동의하지 않는 타인의 정치적 관점을 가볍게 지적한다고 생각하겠지만 상대에게는 아무것도 모르는 외부인이 자기 자신, 자기 가족, 자신이 자란 사회, 심지어 자기 조국과 역사 모두를 비판하는 것으로 들린다는 사실을 잊어서는 안 된다.

상대가 브라질에서 왔든, 인도에서 왔든, 미국 혹은 베네수엘라에서 왔든 우리와 마찬가지로 자기 나라의 민주정치에 대한 열정과 정치 문제에 대한 실망감을 가지고 있다. 하지만 상대가 어떤 입장에 있든 그 나라 국민이 아닌 우리는 상대의 관점을 함부로 판단하고 비판할 자격이 없다.

외국에서 일하다 보면 그 나라의 선거전을 옆에서 관찰하게 되는 경우가 많다. 한 사무실에서 일하는 현지인 직원들이 서로 다른 진영을 지지하며 팽팽하게 대립할 때도 있다. 그럴 때 외부인인 우리는 자기 신분을 절대로 잊어서는 안 된다.

가끔 내게까지 불똥이 튀어 의견을 묻는 질문을 받게 되면 나는 철저히 자제하며 이렇게 말한다.

"너는 투표권이 있지만 나는 투표권이 없어. 여긴 내 전쟁터가 아니야. 내겐 어느 쪽을 지지하거나 평가할 자격이 없어. 네 권리를 행사해서 신성한 한 표를 던지길 바라."

이렇게 하지 않으면 자기도 모르는 사이에 이상한 꼬리표가 붙어서 승진 심사를 받을 때 상사로부터 이런 말을 듣게 될 수도 있다.

"자네는 부패를 저지르고 반대파를 암살한 후보를 공개적으로 지지했어. 그런 사람이 정말로 정치인이 될 수 있다고 생각하나?"

문제는 당신이 지지 입장을 밝힐 때 아마도 전체적인 맥락을 보지 못하고, 심지어 그 후보의 과거사도 알지 못한 채 외부인의 단편적인 생각에만 의지해 의견을 내놓을 가능성이 다분하다는 점이다. 그건 불필요한 일일 뿐 아니라 심각한 부작용을 부를 수도 있다.

다문화 말하기 원칙 8: 제삼자를 끌어들이지 마라

우리 주위의 많은 사람들이 자각하지 못하는 나쁜 습관이 있다. 대화에 다른 사람을 끌어들이는 것이다.

"×××에게 들었어."

"○○○도 이렇게 생각한다고 했어."

이런 습관이 다문화 직장에서 큰 문제를 일으킬 수 있다. 이것이 서로 간의 신뢰를 배반하는 말이기 때문이다.

"남이 아는 걸 원치 않는다면 어째서 내게 말했어?"

"너한테 내 생각을 얘기한 건 널 믿기 때문이야. 하지만 넌 내 의견을 남들한테 알릴 권리가 없어."

아무리 능력이 출중해도 남의 얘기를 하길 좋아하고 입이 가벼운 사람은 남에게 신뢰를 얻지 못한다.

세상에 완벽한 조직은 없다. 수많은 불만이 나오는 것은 자연스러운 일이다. 무능한 상사에 대한 불만, 일을 분담하지 않으려는 동료에 대한 불만, 발견한 문제를 제때 해결하지 않는 부하 직원에 대한 불만 등. 상대가 이런 불만을 토로한다고 해서 우리에게 그 전쟁터에 뛰어들 권력을 부여하는 것은 아니다. 그저 가끔 푸념하는 것으로 끝날 수도 있다. 어쨌든 우리는 그 문제에서 제삼자다.

또 가끔은 상대의 감정에 공감하고 자기도 같은 생각을 갖고 있으면서 그것이 자기 생각이라는 걸 밝히지 않으려고 제삼자를 끌어들여 말하기도 한다. 하지만 이건 남의 얘기를 대신 전하는 것이 아니라 남을 이용하는 것이다.

직장에서는 누구나 자기 의견을 말할 권리가 있고, 의견을 말할 수 있는 경로도 있다. 말하지 않는 것도 역시 자기 결정이다. 누구든 타인의 자주권과 결정을 존중해야 한다. 남의 일에 간섭

해서도 안 되고 하늘을 대신해 정의를 행사해서도 안 된다. 그저 자기 자신으로 사는 것이 최선이다.

다양한 문화적 배경을 가진 사람들과 한 직장에서 일할 때 이 여덟 가지 원칙만 잘 지킨다면 말로 인한 불필요한 갈등을 최대한 줄일 수 있을 것이다.

말하기 훈련으로 진정한 환골탈태를 실현하다

궈보천(郭柏辰, 다주화젠大鋤花間 커피 생태 농장 농장주)

어느 여름날 오후 한 공무원이 나를 찾아왔다. 지저분한 작업복 차림으로 커피 밭에서 나와 영문도 모른 채 그들을 만났다. 고위 공무원이라고 자신을 소개한 사람 옆에 건장한 남자가 앉아 있었다. 주거니 받거니 얘기를 나누다 보니 그 남자와 나는 산지 생활에 대해 신나게 대화를 나누고 공무원은 멀뚱멀뚱 구경만 하고 있었다.

나는 그 남자에게 아주 좋은 인상을 받았다. 마지막에 그는 며칠 뒤에 있을 산업 훈련 과정에 참가해달라고 말한 뒤 돌아갔다. 그것이 추스잉과의 첫 만남이다.

남들과 잘 어울리지 못한 산속 소년

나는 어릴 적 농약이 없는 산간 지역에서 자랐다. 가장 가까운 이웃이라고 해봐야 옆 산에 사는 사람들이었기 때문에 가족 외에 다른 사람들을 만날 기회가 거의 없었다. 남들과 소통할 기회가 없었음은 물론이다. 나와 제일 오랜 시간을 보내는 건 숲속 작은 동물들과 식물들이었다. 그래서 나는 사람 친구보다 사람이 아닌 친구가 더 많다고 농담처럼 말하곤 한다.

바깥세상을 접한 뒤에야 내가 남들과 잘 어울리지 못한다는 것을 알았다. 산속에서 생활하던 방식으로는 학교생활에 적응할 수가 없었고 사소한 소통조차도 쉽지 않았다. 선생님들은 그런 나를 문제라고 생각했고 친구들은 괴물이라고 불렀다.

나는 반에서 제일 인기 많은 친구들을 따라 하기 시작했다. 그들의 말투와 행동을 관찰해 그대로 따라 하고, 그동안 자연에서 배운 생활 방식은 안으로 꼭꼭 숨겼다. 그러면 선생님이 나를 싫어하지 않고 친구들도 나를 따돌리거나 괴롭히지 않을 거라고 생각했다.

하지만 내 예상은 빗나갔다. 내가 따라 했던 친구가 내가 자기를 따라 한다는 걸 알았다. 어느 날 오후 청소 시간에 반 아이들이 나를 빙 둘러쌌다. 내가 놀라 큰소리로 외쳤다.

"내가 뭘 잘못했어? 나한테 왜 이래?"

하지만 돌아온 건 키득거리는 웃음소리뿐이었다. 아이들 중 하나가 말했다.

"괴물 같은 자식이 우리를 따라 해? 넌 영원히 우리랑 같아질 수 없어!"

나는 머리를 세게 얻어맞은 듯 그 자리에 한참 동안 멍하니 서 있었다. 반 아이들이 나를 받아주지 않는다는 걸 알고 스스로 상처받지 않을 방법을 생각해냈다. 그 일 이후 마음의 문을 닫아걸고 그 안에 숨은 채 남들의 행동과 말투를 조용히 관찰하며 배웠다. 학교를 졸업하고 새로운 세계로 들어갈 때는 모든 걸 새롭게 시작하리라 다짐했다.

그렇게 중학교, 고등학교, 전문대학을 거쳐 군대에 다녀올 때까지 이런 방법으로 겨우 버텨낸 뒤 내게 익숙한 산으로 다시 돌아와 조용히 살았다. 그러다가 추스잉을 만나게 되었다.

누구도 나를 그렇게 칭찬해준 적이 없었다

산업 훈련 과정에 참가했을 때 우리는 자신의 이야기에서 고산족(대만 원주민-옮긴이)의 역사 이야기를 찾아낸 뒤, 그것들을 이어 붙여 완전한 고산족 이야기로 만들고 그 이야기를 따라 시라야(대만 남부의 고산족 거주 지역-옮긴이)를 여행하는 코스를 만들어야 했다. 그러는 동안 나는 문제를 정확하게 바라보고 사고하는 방법과 문제의 이면에 숨겨진 진정한 모습을 찾아내는 방법을 배웠다.

그 과정에서 내가 가장 하기 싫었던 일은 나 자신의 이야기를 하는 것이었다. 나는 가급적 앞에 나가지 않고 조용히 남들의 얘기만 들었다. 하지만 내 차례가 오고 말았다. 남들 앞에 서서 말하려니 목소리가 점점 기어들어갔다. 시간이 빨리 지나가기만을 간절히 바랐다.

마침내 내 발표가 끝났고 역시 늘 그랬듯 떠들썩한 웃음소리 속에서 공기처럼 존재감 없이 사라지는 것 같았다. 그런데 추스잉이 미소를 지으며 내게 말했다.

"내가 지금까지 들었던 이야기 중 가장 특별한 이야기예요. 아주 멋진 분이네요."

나는 어리둥절했다! 지금껏 내게 그런 말투로 칭찬해준 사람이 단 한 명도 없었다. 어디서 그런 용기가 났는지 모르지만 그 후 시라야 여행 실습 단계에서 과감하게 추스잉이 속한 조와 함께 다니고 싶다고 말했다. 추스잉도 흔쾌히 동의했다. 이 기회에 그의 사고방식과 행동을 배우고 싶었다.

여행하는 며칠 동안 사람들 앞에서 말도 제대로 못하던 내가 서서히 사람들과 대화를 나누고 혼자서 시라야 여행단 가이드도 맡아서 하게 되었다. 이런 방식으로 내 능력을 기르고, 적어도 말을 심하게 더듬는 버릇을 고치고 싶었다.

바로 그때 내가 재배한 커피가 미국 커피 품질 협회(CQI, Coffee Quality Institute)로부터 세계 19위 커피로 인정받았다. 그러자 여러 곳에서 강연을 해달라는 요청이 쇄도했다.

나는 속으로 외쳤다.

'맙소사! 어쩌지? 난 강연을 해본 적도 없고 남들 앞에서 말하면 웃음거리가 되거나 투명 인간처럼 무시당하는데……. 대만에서 재배한 커피들 중 내 커피보다 더 훌륭한 커피가 있을 거야. 난 그냥 운이 좋았던 것뿐이야. 난 대단한 사람이 아니라고!'

나는 내가 재배한 커피에도 전혀 자신이 없었다. 강연 요청을 몇 번이나 거절하자 내가 거만하다는 둥 성격이 거칠다는 둥 이상한 소문이 돌기 시작했다. 난 아무것도 하지 않았는데 왜 이렇게 됐지? 거짓 소문이 계속 퍼지는 걸 막으려면 사람들에게 내가 그런 사람이 아니라는 걸 알려야 할 것 같아서 어쩔 수 없이 강연 요청을 받아들였다.

커피나무 앞에서 연습하다

연습할 상대가 없어서 커피나무 앞에서 연습했다. 추스잉과 함께 여행하며 배운 소통과 대화의 방식을 반복해서 연습하고 그때의 경험을 가지고 작은 강연을 해보았다. 나는 연단에 서서 커피 재배 경험을 이야기하며 말하는 훈련을 했다.

그렇게 강연에 대한 두려움을 조금씩 극복해가던 중 추스잉을 다시 만났다. 그는 내게 공익 활동 교류 사이트인 NPOst에서 1년에 한 번씩 열리는 활동가 연설에 참가해보라고 권유했다. 그건 500명이 넘는 청중 앞에서 하는 초대형 강연이었고, 30여 명의 지원자들과 예선을 거쳐서 선발되어야 했다. 쟁쟁한 지원자들 틈에서 내가 주목받는 건 불가능한 일이었다. 하지만 참가해서 최선을 다해보기로 했다.

결선 때 심사위원단 앞에서 시범 연설을 할 때 지원자 중 유기농 재배를 하는 사람이 나뿐이라는 사실을 알았다. 다른 사람들은 모두 화려한 경력을 가지고 있었지만 나는 NGO에 소속된 것도 아니고 유명 인사도 아니었다. 나는 그저 유기농 커피 재배 방법을 알고 있고, 내가 나고 자란 숲을 보호하고 대만의 농약 사용량이 줄어들길 바라는 작은 소망을 가지고 있을 뿐이었다. 게다가 나는 영어도 할 줄 모르고 친구도 별로 없어서 내세울 게 하나도 없었다.

그런데 내 예상과 달리 심사위원단이 내 연설에 높은 점수를 주었다. 숲과 흙만 남아 있는 오지에서 온 내가 선발된 것이다. 그러나 실제 연설회를 준비하면서 연설을 녹화해 심사위원단에게 보냈을 때 심사위원단은 만족하지 못했다. 차별성이 없다는 것이었다. 그들은 내가 시범 연설을 할 때 했던 이야기를 마음에 들어 했다. 내가 어릴 적 자연의 품에서 자라 숲과 흙에 애틋한 정을 가지고 있다는 내용이었다.

몇 번이나 퇴짜를 맞은 뒤 연설 동영상과 NPOst에 실린 내 기사를 추스잉에게 보내 조언을 구했다.

추스잉과의 대화

추스잉: NPOst의 기사와 이 연설 내용의 차이점이 뭔가요?

나: 기사를 읽으면 내가 한 일이 아주 대단한 것 같아요. 하지만 저는 별로 대단하다고 생각하지 않아요. 초생재배는 제가 개발한 게 아니고 이번 연설회의 주제와도 차이가 있어요. 저는 친구가 별로 없어서 사회에 영향력도 없고요.

추스잉: 그래서 자신을 낮게 평가하고 그게 겸손함이라고 생

각하고 있군요. 그들이 높게 평가하는 건 당신의 겸손함일까요, 당신이 하는 일일까요?

나: 제가 하는 일이겠죠.

추스잉: 그런데 왜 당신이 하는 일이 별 볼 일 없고 특별할 것도 없다고 강조하나요? 사람들이 혼란스러워할 것 같지 않아요?

나: 저도 궁금해요. 그들이 왜 저를 좋게 보는 걸까요? 제 어떤 면을 높이 평가하는지 잘 모르겠어요.

추스잉: 기사를 보면 그들은 당신의 가치를 중요하게 생각했어요.

나: 그건 알아요. 하지만 저는 무의식중에 자신을 계속 부정했던 것 같아요.

추스잉: 겸손할 수는 있지만 남들이 당신의 장점을 발견했다는 걸 잊지 말아요. 연단에서 자신을 부정하는 사람을 보려고 당신을 초청한 게 아니에요. 당신은 남들을 위해 연단에 서는 거예요. 그들이 원하는 얘기를 들려주세요. 그러지 않으면 그들의 알 권리를 박탈하는 거예요. 당신이 무슨 일을 하고 있는지 일반인들은 알지 못하지만 알고 싶어 해요. 자기 자신에게 집중하지 말고 자신을 그들에게 주는 선물이라고 생각해요. 그러면 연설 내용을 수정하는 데 도움이 될 거예요.

나: 고맙습니다. 잘 생각해볼게요.

추스잉: 힘내요! 내가 한 말이 너무 무겁게 들리지 않았으면 좋겠군요.

나: 그럴 리가요! 최근에 내가 정말로 잘하고 있는지 의구심이 들었어요. 하지만 그렇게 나약하지는 않아요!

추스잉: 물론이에요. 대다수 대만인들처럼 자신이 별 볼 일 없다고 착각하고 있는 거예요.

자신이 하고 싶은 일을 즐겁게 하라

그날 밤 잠자리에 들기 전까지 나는 계속 생각했다. 내가 정말나 자신을 별 볼 일 없다고 착각하고 있을까? 언제부터 이런 생각을 하게 되었을까? 철학상담의 각도에서 또 다른 나에게 물어보았다. 나는 아주 오래전부터 스스로 별 볼 일 없는 사람이라고 생각하고 있었다. 가족들의 실망 어린 눈동자, 학교 친구들의 눈에 비친 괴물⋯⋯.

우리는 이렇게 부정적인 감정을 성장의 원동력으로 변화시키는 능력을 가지고 있다. 아니, 그럴 수밖에 없다. 우리는 너무 약한 실패자이기 때문이다. 힘든 환경에서 태어나 안락하게 죽는 것이 우리의 생존 법칙이다. 어제보다 오늘이 더 좋기를 소망하며 날마다 자신을 채찍질한다. 안락하고 행복한 환경보다 억압과 고통 속에서 더 빨리 성장하는 법이다. 그래서 우리에게는 행복이 필요하지 않고 자신이 훌륭하다고 생각할 필요가 없었다.

오랫동안 잊고 있었던 감정이 갑자기 홍수처럼 쏟아져 나를 덮쳤다. 무슨 얘기를 하지? 어떻게 해야 할지 모르겠어! 방법을 찾아내지 못하면 NPOst의 연설을 망치게 될 거야! 하는 수 없이 추스잉을 찾아가기로 했다.

추스잉이 내게 물었다.

"이 세상에 행복하게 배우며 성장하는 사람이 있을까요?"

있을 것 같았다. 내가 많은 사람을 만나지 못해서 아직 보지 못했을 뿐.

추스잉이 나를 보며 말했다.

"그건 어떤 사람들일까요?"

나는 몰라서 대답할 수가 없었다. 그가 진지한 말투로 말했다.

"자기가 하는 일을 좋아하고 더 빨리, 더 훌륭하게 성장하려고 노력하는 사람, 자신이 좋아하는 일을 더 멋지게 만들려고 노력하는 사람이 있다면 그는 행복한 사람일까요?"

나는 부러움이 담긴 말투로 말했다.

"물론이죠!"

추스잉이 미소 지으며 내게 말했다.

"당신 모습과 비슷하다고 생각하지 않아요?"

그 순간 나는 멍해졌다!

그렇다. 나는 내 커피 농장에 있는 생명들을 가족처럼 사랑한다. 외부 환경이 아무리 열악해도 일단 내 영지 안으로 들어오면 모두 내 가족이라고 여긴다. 또 나는 성장하기 위해 열심히 배우고 그들을 더 든든하게 보호하기 위해 노력하고 있다. 그들의 행복한 모습을 볼 때마다 나도 행복하다! 하지만…….

행복하게 성장하는 사람

그 후 며칠 동안 이 문제가 머릿속을 떠나지 않았다. 하지만 NPOst에서 연설을 시작하기 직전 500명 넘는 사람들의 눈동자를 바라보며 뭔가 깨달은 것 같았다.

'나는 왜 행복하게 살 수 없지? 어쩌면 자신을 지나치게 비하하고 있었는지도 몰라. 심사위원단이 나를 선택한 건 내가 하는 일의 가치를 인정하기 때문이야. 나는 특별하지 않을지 몰라도 내가 하는 일은 일반인들이 잘 모르고, 또 알고 싶어 하는 일이야.'

그날 나는 숲과 자연에 대한 애틋한 감정을 말로 표현해 강연장에 있는 모든 사람들에게 선물로 주었다.

NPOst의 활동가 연설회는 순조롭게 끝났고 나의 인생도 순조롭게 앞으로 계속 나아갈 수 있었다. 내 인생의 신념은 바뀌었지만 앞으로 내가 좋아하는 일을 하면서 행복하게 성장하는 사람이 될 수 있을 것이라는 믿음에는 변함이 없다.

BEFORE

어린 시절 산에서 자라며 사람 친구보다 사람이 아닌 친구가 더 많았던 궈보천.

친구들에게 괴물이라고 불렸지만 오로지 커피 재배를 위해 모든 노력을 기울였다. 누구에게도 칭찬받은 적이 없고 남들 앞에서 얘기할 때면 늘 비웃음과 무시가 쏟아졌다.

↓

AFTER

하지만 커피나무 앞에서 수없이 연습하고 남들과 대화하는 법을 훈련하고 자신이 연설하는 모습을 녹화했다. 추스잉의 철학상담이 그의 자신감을 일깨워준 뒤 자신을 과소평가하고 있던 그의 오랜 고집이 무너지고 자기 인생의 가치를 발견하게 되었다. 마침내 그는 연단에 서서 500명의 청중에게 커피 농장을 일군 행복한 이야기를 들려주었다.

KI신서 8304

펭귄이 말해도 당신보다 낫겠다

1판 1쇄 인쇄 2019년 8월 14일
1판 1쇄 발행 2019년 8월 21일

지은이 추스잉
옮긴이 허유영
펴낸이 김영곤 박선영
펴낸곳 ㈜북이십일 21세기북스

콘텐츠개발3팀 문여울 허지혜
책임편집 박나래 **디자인** this-cover.com
해외기획팀 임세은 이윤경 장수연
출판영업팀 한충희 김수현 최명열 윤승환
마케팅1팀 왕인정 나은경 김보희 정유진 박화인 한경화
홍보기획팀장 이혜연 **제작팀** 이영민 권경민

출판등록 2000년 5월 6일 제406-2003-061호
주소 (10881) 경기도 파주시 회동길 201 (문발동)
대표전화 031-955-2100 **팩스** 031-955-2151 **이메일** book21@book21.co.kr

(주)북이십일 경계를 허무는 콘텐츠 리더

21세기북스 채널에서 도서 정보와 다양한 영상자료, 이벤트를 만나세요!
페이스북 facebook.com/jiinpill21   포스트 post.naver.com/21c_editors
인스타그램 instagram.com/jiinpill21   홈페이지 www.book21.com
유튜브 www.youtube.com/book21pub
서울대 가지 않아도 들을 수 있는 **명강**의! <서가명강>
네이버 오디오클립, 팟빵, 팟캐스트에서 '서가명강'을 검색해보세요!

ⓒ 추스잉 2018

ISBN 978-89-509-8260-7 03320